Psicanálise da família

Psicanálise da família

Belinda
Mandelbaum

c coleção
c clínica
p psicanalítica

Artesã

Psicanálise da família

COORDENAÇÃO EDITORIAL
Karol Oliveira

DIREÇÃO DE ARTE
Tiago Rabello

REVISÃO
José Maria Campos Lima

CAPA
Karol Oliveira

DIAGRAMAÇÃO
Luís Otávio Ferreira

M271 Mandelbaum, Belinda, 1959-.
Psicanálise da família / Belinda Mandelbaum . – Belo Horizonte : Artesã, 2020. – (Clínica psicanalítica)
114 p. ; 21 cm.
ISBN: 978-65-86140-28-6

1. Psicanálise. 2. Família. 3. Psicoterapia Familiar. I. Título.

CDU 159.964

Catalogação: Aline M. Sima CRB-6/2645

IMPRESSO NO BRASIL
Printed in Brazil

(31)2511-2040 (31)99403-2227
www.artesaeditora.com.br
Rua Rio Pomba 455, Carlos Prates - Cep: 30720-290 | Belo Horizonte - MG
/artesaeditora

Dedicatória

Ao Enrique, aos nossos filhos, Liora, Daniel e Naomi, e aos que vão chegando, primeiro o Ariel, e depois os netos, David e Sarah, todos com quem dá gosto viver.

Prefácio

É com satisfação que acompanho o desenvolvimento que teve e continua tendo o trabalho de casal e família em psicanálise. Muita coisa aconteceu nos últimos trinta anos de trabalho, graças ao empenho e interesse dos profissionais brasileiros que se apaixonaram por esse tema.

Corria o ano de 1987, quando tive a ideia de publicar o livro *Família e doença mental*, do Dr. Isidoro Berenstein. No prólogo, falo da alegria que tive ao poder introduzir no Brasil um reconhecido pesquisador argentino, o que também me permitia, dessa forma, recuperar parte de minha família profissional.

Hoje, mais de trinta anos depois de ter chegado ao Brasil, vejo-me totalmente inserida e acompanhando esse lindo processo de crescimento, nessa que é agora a minha família profissional. Por essa razão, sinto-me prestigiada ao fazer o prefácio deste livro, que considero valioso para os profissionais que se iniciam nessa área de trabalho, pois, com sua leitura, poderão ter uma visão histórica e antropológica da família e das principais linhas de trabalho que se ocupam da clínica de casais e de famílias.

Uma característica importante deste livro é que consegue transmitir conceitos complexos de uma forma acessível, sem perder sua profundidade.

Na apresentação, a autora nos convida a pensar a família por uma perspectiva abrangente, levando em consideração a antropologia e a sociologia. Por ocupar o lugar de instituição social, a família estará sempre determinada pelo momento histórico no qual se desenvolve. Portanto, também na clínica, não podemos desvincular a família do contexto no qual está inserida.

Nos seus primórdios, a psicanálise se debruçou sobre a família, pois foi Freud, com sua aguçada observação da conduta do pequeno Hans e de sua fobia, quem buscou compreender as intrincadas relações familiares. Esse trabalho clínico permitiu-lhe também pôr à prova a sua teoria sobre o complexo de Édipo, cuja resolução se dará dentro da complexa trama familiar. Trama que está permeada por sentimentos de amor e ódio entre pais e filhos. A superação do complexo de Édipo só será possível com a aceitação da proibição do incesto.

Lévi-Strauss, quando estuda os sistemas de parentesco, refere-se também à proibição do incesto, mas como um valor funcional. Ou seja, para ele, essa proibição permitiria a preservação e perpetuação dos grupos sociais, enquanto, para Freud, teria um valor central na constituição psíquica do ser humano.

Através da proibição do incesto garante-se a passagem dos vínculos naturais para os de aliança, da natureza para a cultura, prevalecendo as ligações sociais sobre as biológicas.

Em 1930, Freud escreveu *O mal-estar na civilização*, livro que abre um espaço de reflexão sobre a relação entre o adoecimento psíquico e os mecanismos repressivos impostos pelas instituições sociais. A família, como instituição que se desenvolve em um meio social e que é por ele influenciada, pode ser pensada como promotora tanto de saúde como de doença.

Foi em Palo Alto, Califórnia, em 1950, que o antropólogo Gregory Bateson começou a investigar e a tratar pacientes esquizofrênicos e suas famílias fazendo uso da teoria geral dos sistemas. A partir dessas investigações, mudou-se a ideia do paciente isolado: entende-se que o paciente identificado como "doente" está dentro de um sistema familiar que o adoece. É ele quem colabora para manter o "equilíbrio" familiar. Partindo dessa perspectiva, deve-se tratar a família como um todo.

Outra forma de manter o equilíbrio psíquico na família é compartilhar mitos e crenças. Os mitos familiares são mantidos como verdades inquestionáveis dentro do grupo, tendo a função de força ordenadora.

Dr. Salvador Minuchin foi um dos primeiros pesquisadores do tema, trazendo importantes referências a respeito da dinâmica familiar e das consequências da falta de comunicação dentro da família.

Os psicanalistas que se interessaram pelo trabalho com famílias fizeram-no por meio dos aportes que eram o eixo central dessa teoria e dessa técnica. Conceitos como inconsciente, transferência e contratransferência foram utilizados. Assim, observa-se a família como um conjunto de pessoas interligadas, entendendo que, quando um de seus membros traz um sonho, este será um emergente do próprio grupo e todos poderão participar, associando e trazendo seu aporte pessoal: a interpretação será grupal.

O enquadre é outra valiosa ferramenta utilizada nessa técnica. Funciona como um organizador que nos dará elementos importantes para serem interpretados, à medida que se produzam mudanças no dito enquadre.

Este livro nos ajuda a desvendar questões específicas referentes ao atendimento familiar, tais como: a quem convocar para o tratamento de família, como organizar o espaço de atendimento, que elementos oferecer às crianças para que possam se expressar e, dessa forma, ajudar-nos a compreender melhor o grupo familiar.

A psicanalista Melanie Klein, ao observar crianças, adultos e a relação mãe-bebê, conseguiu ver a importância da própria relação. A criança está desde o nascimento em um permanente interjogo entre seu mundo interno e o mundo externo, e é nessa relação que será construído o ser humano. Melanie Klein formulou conceitos como os de identificação projetiva e identificação introjetiva e criou a teoria das relações de objeto, capaz de nos auxiliar no tratamento dos adultos e das famílias.

O psicanalista Bion, discípulo de Melanie Klein, desenvolveu valiosos conceitos sobre grupos. Também pesquisou a relação mãe-bebê e observou que, frente às manifestações corporais de suas necessidades de frio, fome, sono e angústia, é a mãe quem pode acolhê-las ou não, a partir de suas próprias possibilidades emocionais, sua história vivida e suas informações. Poderá traduzir e transformar essas manifestações do bebê, que eram somente experiências emocionais e corporais sem nome, em experiências que podem ser nomeadas e compartilhadas. Mas, para que isso possa acontecer, a mãe precisa identificar-se com seu bebê, estar em sintonia com ele. É por esse rico processo de trocas entre a mãe e o bebê que a criança entra no mundo humano permeado pela linguagem, aprende a identificar seus diferentes estados internos e, assim, nomeá-los.

Dessa perspectiva, observando a importância das relações a partir das quais se pode favorecer ou obstaculizar o desenvolvimento do ser humano, a família passou a ocupar papel central no processo. Uma de suas funções principais é a de continência de todos os membros do grupo familiar e, especialmente, de suas angústias.

A capacidade da família de aceitar os sentimentos do outro e poder contê-los sem preconceitos ou cobranças permite obter um alívio para o membro em questão.

Nem sempre a família pode oferecer continência para os distintos estados de seus membros. Nesse caso, pode-se apresentar uma dinâmica polarizada de funcionamento, na qual se encontram o filho inteligente e o incapaz, o bonito e o feio. São dinâmicas cristalizadas, em que cada membro tem um lugar predeterminado no qual tem que se encaixar. Às vezes, quando o conflito familiar não pode circular no grupo, escolhe-se um membro para ser seu depositário e, dessa forma, aspira-se alcançar certo "equilíbrio" familiar.

A função do terapeuta será, justamente, tirar o foco do membro identificado e fazer circular o conflito. Um exemplo clínico apresentado pela autora ajudará a compreender melhor esse funcionamento.

A clínica vincular nos oferece uma outra forma de abordar o casal e a família. Já no livro *Psicologia do grupo e análise do ego* (1976), Freud nos falava que toda psicologia individual é, a um só tempo, psicologia social, e que não é possível pensar o ser humano fora das relações com outros seres humanos. Essa seria a semente que autores como René Kaës, na França, Isidoro Berenstein, na Argentina, entre outros, souberam articular com diversos campos do saber para construir a teoria dos vínculos. Nessa teoria, o foco estará no sujeito dentro do vínculo, pois o sujeito ganha existência e se dá a conhecer na presença do outro com quem estabelece vínculos, os quais não se reduzem a repetições das formas de relação de objetos existentes em seu mundo interno. A presença do outro, com quem mantém um vínculo, obriga o sujeito a um trabalho psíquico específico, possível somente nesse vínculo particular. O outro é diferente de nós e apresenta sempre aspectos não acessíveis, embora possamos ter a ilusão de que o conhecemos, baseando-nos nas projeções que fazemos sobre ele. Portanto, o outro é sempre um outro a conhecer, nesse vínculo que obriga a cada um de nós a lidar com o diferente. Os vínculos instituem subjetividades, promovem elaborações, podem fazer sofrer, adoecer ou curar. Esses diferentes percalços poderão ser acompanhados por um terapeuta, auxiliado pela clínica vincular. Em outro exemplo que a autora nos fornece, esses conceitos poderão ficar mais bem esclarecidos.

O trabalho com famílias possibilitou observar como os sujeitos são perpassados por mensagens transmitidas de forma consciente e inconsciente pelo grupo familiar, desde seu nascimento. O sujeito fica à mercê da trama familiar, ocupando, ao mesmo tempo, o lugar de receptor e transmissor das mensagens. Cada sujeito é herdeiro de experiências anteriores que puderam enriquecê-lo e serviram para seu desenvolvimento, ou que o fizeram refém de uma história que o antecede. Esses dois movimentos ocorrem quando pensamos na trama em que estamos inseridos, quando podemos usar nossa experiência para elaborá-la ou, pelo contrário, quando repetimos, na forma de sintomas ou atuações, as situações traumáticas que foram silenciadas pelas gerações anteriores.

Espero que essas sintéticas pinceladas que fiz, a modo de resumo, possam servir de estímulo para a leitura e, dessa forma, aguçar e realçar a riqueza do livro.

São Paulo, junho de 2008.

Magdalena Ramos

Apresentação

Procurei neste pequeno livro apresentar ao leitor – especialmente àquele que está introduzindo-se no campo de estudos da família – um panorama das principais linhas pelas quais essa instituição tem sido examinada, compreendida e tratada. Apesar de encaminhar-se para os trabalhos com famílias dentro do campo psicanalítico, o livro, na parte inicial de seu percurso, adentra os campos da antropologia, da sociologia e da história. Espero assim mostrar ao leitor a relevância de pensar a família como instituição social, historicamente determinada. As transformações econômicas, sociais e culturais sempre impactaram a família, produzindo mudanças em seus arranjos, em suas dinâmicas e em suas relações com o mundo. Gostaria que o leitor saísse desta leitura compreendendo a família como campo de intersecção entre a realidade social e a vida psíquica, uma tessitura que, em seu arranjo de parentesco e nos significados que atribui a cada um dos lugares que a compõem, sofre a determinação de uma história sociocultural na qual se estabelece e que a atravessa, ao mesmo tempo que é constituída na interação afetiva entre os membros. Toda família constitui um microcosmo fincado nas intermediações entre a esfera social e individual, o público e o privado, o real e a representação, o biológico e o cultural.

Na clínica psicanalítica da família, as relações emocionais que estruturam a vida psíquica e são estruturadas pela história familiar e pelo campo socioeconômico-cultural e histórico mais amplo podem ser detectadas, em suas múltiplas determinações, na fala dos sujeitos implicados, nesse campo em que incidem dinâmicas pulsionais, elaborações simbólicas, processos transformadores dos significados das palavras, juízos de valor e também determinismos de um para além das palavras, de um estado de coisas suscitado, como dissemos, pelos processos socioeconômicos. A experiência dos terapeutas de família aponta para estruturas familiares em profundo processo de reorganização, que tendem à fragmentação por tensões de difícil superação, seja entre o casal ou entre pais e filhos, ou à inclusão de membros previamente exteriores ao núcleo familiar, gerando continuamente demandas por novas formas de compreensão e intervenção. Claro que, de um lado, um atendimento psicoterapêutico não pode assumir para si a resposta a todas essas demandas. Mas, por outro lado, não pode se furtar de operar com elas. Saber como lidar com essas demandas na medida certa é um dos critérios essenciais para o estabelecimento de um bom contexto terapêutico. E acreditamos que isso pode ser conseguido se tivermos como eixo que o trabalho clínico deve pautar-se por um processo que trabalhe com as famílias em contexto, isto é, que saiba referenciar demandas e situações familiares ao contexto em que vivem, auxiliando-as assim na elaboração de uma compreensão consciente do momento que atravessam.

As linhas de pesquisa e intervenção clínica foram aqui apresentadas através de seus conceitos centrais, bem como dos aportes técnicos que trouxeram para o trabalho com esse grupo de pessoas específico que é a família. O que permite fazer a passagem, sem sair do interior do corpo teórico-clínico da psicanálise, do individual para o grupo familiar, é a ideia de que, em ambos os casos, trata-se de operações psíquicas que pretendem dar conta de um certo tipo de regulação emocional com o fim de permitir um certo equilíbrio homeostático do organismo, quer seja este um indivíduo ou uma família. Esse princípio geral permite circunscrever o trabalho clínico com famílias legitimamente no interior das linhas de força da psicanálise, sem alterar, como espero mostrar ao longo do livro, os fundamentos sobre os quais se sustenta o método psicanalítico.

Gostaria que este sobrevoo pelas teorias e técnicas do trabalho psicanalítico com famílias sirva como um convite para que o leitor aprofunde suas leituras nesse amplo campo de investigações que têm iluminado aspectos valiosos do funcionamento familiar, quanto às suas dinâmicas psíquicas, suas transformações e seu processo de transmissão entre as gerações.

Agradeço a Flávio Carvalho Ferraz, pela confiança que depositou em mim ao convidar-me para escrever este livro. À Profa. Sylvia Leser de Mello, pela leitura que incentiva a escrita. E aos Drs. Luiz Meyer e Isidoro Berenstein, grandes mestres no trabalho psicanalítico com famílias.

A Autora

1
Família: tragédia, antropologia e história

Talvez o primeiro trabalho psicanalítico com uma família tenha sido feito por Freud. Nos primeiros anos do século XX, ele atendeu em algumas consultas o pai de um menino de cinco anos, Hans, que sofria de uma fobia por cavalos que o impedia de sair às ruas[1]. Em função da distância, porque a família morava em outra cidade, e porque Freud não atendia crianças, era com o pai, também psicanalista, que ele conversava e tentava compreender a fobia do menino. Sua intenção era de que as interpretações nascidas desses encontros pudessem ser transmitidas

1 O caso clínico é relatado por Freud em seu livro *Análise de uma fobia em um menino de cinco anos (O pequeno Hans)*, originalmente publicado em 1909.

à criança. Dessa forma, Freud cuidava do filho através do pai, que, em seu entender, fazia parte tanto da causa dos transtornos do menino quanto agora, através das interpretações veiculadas, também de sua cura.

Freud teve como eixo central de compreensão da fobia de Hans o complexo de Édipo, uma configuração psíquica das relações familiares construída pelos desejos e temores infantis, que é a um só tempo fonte de intensa angústia para a criança e núcleo estruturante de sua formação. Acompanhar o desenvolvimento do pequeno Hans e de sua fobia era uma oportunidade valiosa para Freud de observar *in loco* e pôr à prova sua teoria do complexo de Édipo como eixo central organizador da estruturação psíquica de todo ser humano.

O que Freud cunhou com o nome de complexo de Édipo é uma trama familiar: todo menino pequeno, em seus primeiros anos de vida, desejaria possuir a mãe de forma total e exclusiva, desejaria para si todo o amor dela e, para realizar esse desejo, fantasia eliminar seu maior rival, o pai, que o ameaça de tomá-la por inteiro para si. E porque deseja eliminar o pai, porque faz dele seu rival, teme-o, e esse temor se expressa no que Freud chamou de angústia de castração – a fantasia aterrorizante de ser castrado pelo pai, em represália aos seus desejos hostis. Movido por esse temor, para preservar sua integridade, o menino abdicaria de sua rivalidade com o pai e do projeto de ter a mãe só para si. Em vez disso, identifica-se com o pai, com os atributos de qualidade e de poder que vê nele, e dirige seus interesses e desejos para outras pessoas e outros objetos do mundo. Isso constituiria, em linhas gerais, a superação do complexo de Édipo, que significa aceitar um limite, uma proibição primordial – a proibição do incesto. É assim que, para Freud, o menino insere-se numa ordem social e passa a ter seus desejos regulados por uma lei que o lança a buscar seus objetos de amor e desejo fora do núcleo familiar.

O pequeno Hans estava, de acordo com a análise feita por Freud no período em que seu pai ia às consultas, em meio ao turbilhão de seus desejos e temores edípicos. Mas sua rivalidade em relação ao pai, bem como os temores em relação a ele teriam sido transferidos para os cavalos, esses enormes animais de pênis grande (na ótica do pequeno menino). Os cavalos eram representantes do pai temido, daí a fobia por eles. Ao transferir seu temor para os cavalos, o menino evitava a angústia na relação com o pai amado e admirado. E dos cavalos, cuidava de não se aproximar evitando as ruas. Para Freud, essa trama complexa de sentimentos de amor e ódio que constituíam as relações de Hans com seus pais precisaria ser interpretada para ele, para que compreendesse o sentido de seus temores e pudesse libertar-se de sua fobia. Curioso é que esse sentido, de acordo com o plano de tratamento estabelecido entre Freud e o pai do menino, seria veiculado ao filho pelo pai, portanto por quem era a fonte e o alvo desses sentimentos. Hans teria assim a oportunidade de elaborar suas angústias junto ao pai, falando sobre elas com ele.

O nome de complexo de Édipo foi extraído por Freud de uma tragédia de Sófocles, escrita no século V a.C. É uma tragédia em família: Laio, o rei de Tebas, casa-se com Jocasta e tem com ela um único filho. Como antes do casamento um oráculo divino predissera que o menino nascido dessa união mataria o pai e viria a casar-se com a mãe, Jocasta, na tentativa de impedir a realização desse destino, dá o filho recém-nascido a um pastor, para que o mate. Este, com pena, amarra o bebê pelos pés a uma árvore em vez de matá-lo. Um pastor de Corinto, ao passar por ali, viu a criança amarrada, apiedou-se e levou-a aos reis de sua cidade, que não tinham filhos. A criança foi adotada por eles, que o chamaram de Édipo, que em grego quer dizer "o que tem os pés inchados". Já adulto, Édipo ouve de um conviva bêbado, num banquete, que ele não era filho legítimo de seus pais. Angustiado, consulta um oráculo que lhe prediz o que Laio já escutara, ou seja, que ele seria parricida e incestuoso, e de seu casamento nasceria uma prole nefanda. Para escapar do destino, Édipo foge de Corinto, pensando assim afastar-se de seus pais. Numa encruzilhada de estrada, entra em disputa com uma pequena caravana formada por um velho homem e dois ou três serviçais que o escoltavam. Na briga, Édipo mata o velho homem, que era Laio, seu pai legítimo, sem o saber. Sem o saber também, inicia ali a cumprir o destino que lhe fora profetizado pelos deuses. Seguindo o caminho, Édipo aproxima-se de Tebas e, nas portas da cidade, defronta-se com a Esfinge, monstro que propunha difíceis enigmas aos que por ali passavam e despedaçava aqueles que não os resolviam. Creonte, irmão da rainha Jocasta, promete por toda a Grécia que daria a Coroa e as mãos da rainha Jocasta a quem decifrasse esses enigmas e livrasse Tebas do terrível flagelo. Édipo enfrenta a Esfinge, que lhe pergunta: "Qual é o animal que, pela manhã, anda com quatro pés, ao meio-dia com dois e, pela tarde, com três?". Édipo diz que é o homem, que na infância engatinha, na idade adulta anda sobre os dois pés e na velhice apoia-se num bastão. Decifrado o enigma, a Esfinge precipita-se no abismo e Édipo recebe, como prometido, as mãos de Jocasta em casamento e a Coroa de Tebas. Cumpre novamente, sem o saber, seu destino. Durante anos reinou em paz, até que uma peste devastadora se abateu por todo o país, como uma epidemia que dizimava homens e plantações. Consultado mais uma vez, o oráculo revela que a epidemia é consequência de não terem os tebanos vingado a morte de Laio. Édipo ordena então que se investigue, encontre e puna o assassino. Durante as investigações, ele descobre horrorizado ter sido ele mesmo que, sem o saber, matara o pai e se casara com a mãe. Jocasta, desesperada, se enforca com uma corda. Édipo, ao vê-la morta, arranca de seu manto agulhas que o adornavam e, com elas, dilacera os olhos, cegando-se.

Nas tragédias gregas, em que são poetizadas tragicamente as inquietações relativas ao destino, o campo familiar é o território privilegiado para a exploração do complexo interjogo dos homens e das divindades, na tentativa de desvendar os desígnios dos deuses e buscar uma solução de compromisso entre os modos de funcionar da lógica divina e o modo do acontecer humano. Freud, ao reler a tragédia de Sófocles, encontrou nela o espaço para conter alguns dos principais elementos de seus achados que, como bem sabemos, implicam sempre uma vida familiar. Se ele assim pôde operar, retomando um texto de aproximadamente 2.300 anos num contexto totalmente diferente, é exatamente porque no interior da tragédia encerra-se um drama familiar capaz de significar com intensidade emotiva para além do contexto sociocultural em que a própria tragédia encontra-se circunscrita. Para além do drama advindo da relação entre as contradições da justiça divina e dos anseios humanos, é o núcleo do intenso entrechoque emocional carregado de contradições entre os membros de uma família que permitiu essa releitura da tragédia de Sófocles e a reelaboração de Édipo num complexo capaz de apontar para o miolo do drama humano, dessa vez destituído de seus vínculos com o sagrado, tais como compreendidos pelo mundo grego, e integrados a uma compreensão que encontra na tragédia a figuração propícia para pôr de manifesto a dinâmica pulsional que está em jogo no processo de humanização de cada homem, processo este que Freud sempre posicionou no interior de uma cena familiar, a qual é sempre dotada das potencialidades necessárias para fazer sucumbir ou desenvolver cada homem, isto é, que ele adoeça profundamente ou que promova seu desenvolvimento. Por isso, podemos ler e ficar impactados com a tragédia, mesmo se a abstrairmos de seu contexto ideológico.

Todos nós nascemos e estamos, de algum modo, inseridos numa família durante todo o percurso de nossas vidas. Todo ser humano constitui, nas palavras do antropólogo Lewis Morgan[2], "o centro de um grupo de parentesco e, portanto, é obrigado a compreender e usar o sistema [de parentesco] vigente". Mas, quando falamos de família, a que nos referimos? Na sociedade ocidental contemporânea, de maneira geral, referimo-nos à família nuclear – aquela composta por um par heterossexual casado, monogâmico, unido por laços sentimentais, por uma cooperação econômica contínua e por um interesse comum

2 MORGAN, L. A família antiga. *In*: CANEVACCI, M. *A dialética da família*. São Paulo: Brasiliense, 1981.

ligado ao cuidado da prole. E, de fato, esse arranjo familiar está fortemente implantado em nosso imaginário, porque corresponde à forma predominante pela qual as famílias organizam-se em nossa sociedade. Tão preponderante é ele que Elisabeth Roudinesco, em seu livro *A família em desordem*[3], chama a atenção para o fato de que mesmo casais homossexuais, em luta em muitos países do Ocidente pela legalização de suas relações, reivindicam o direito de constituírem famílias segundo esse modelo, constituindo lares independentes, com autonomia econômica e filhos sob seus cuidados – relações familiares que possam ser regidas pelos mesmos códigos do direito civil que as famílias compostas por casais heterossexuais, que tanto e por tanto tempo repeliram as preferências homossexuais. Em nosso país, o trabalho da demógrafa Elza Berquó, *Arranjos familiares no Brasil*[4], traça um perfil da estrutura populacional brasileira em seu processo de transformação ao longo de um período que vai de fins do século XIX até meados dos anos 1990, processo este que é resultado da mudança nas formas e concepções de viver e sobreviver de nossa sociedade, mudança por sua vez dependente das transformações econômicas, sociais e culturais que tiveram lugar no decorrer do tempo. Como resultado da ampla pesquisa que a autora realizou em censos demográficos que cobrem esse período, podemos ver que o caráter nuclear da família, isto é, o casal heterossexual com filhos, é predominante em nosso país – são pouco mais de 50% dos arranjos

---

3 ROUDINESCO, E. *A família em desordem*. Rio de Janeiro: Zahar, 2003.

4 BERQUÓ, E. Arranjos familiares no Brasil: uma visão demográfica. *In*: *História da vida privada no Brasil*. São Paulo: Companhia das Letras, 1998. v. 4.

domésticos no ano de 1995, último ano de consulta em seu trabalho –, embora o tamanho da família, em particular o número de filhos, tenha diminuído no decorrer do século XX.

A mesma predominância da família nuclear monogâmica nós encontramos em grande parte das sociedades humanas, nas quais o número de homens e de mulheres tende sempre a equiparar-se, a não ser em casos excepcionais, como o da guerra, que pode dizimar boa parte da população masculina, ou do assassinato de crianças de um dos sexos, como é o caso, citado por Claude Lévi-Strauss no texto *A família*[5], do infanticídio das meninas entre os Toda, no século XIX. Nesse texto, em que Lévi-Strauss realiza uma síntese antropológico-estrutural dos achados etnológicos sobre famílias em diversas sociedades humanas, ele nos diz que, "ao percorrer o imenso repertório das sociedades humanas, sobre as quais possuímos informações desde Heródoto, tudo quanto se possa dizer, do ponto de vista que nos interessa, é que a família conjugal surge nelas com muita frequência" (LÉVI-STRAUSS, 1986, p. 75). Este é um achado importante da moderna etnografia, da qual Lévi-Strauss foi pesquisador e pensador revolucionário. Ele não apenas reuniu um imenso conjunto de dados sobre arranjos familiares em diferentes sociedades, mas também buscou construir os modelos estruturais que regulam seus arranjos e manifestações singulares, chegando a descrevê-los em complexa linguagem matemática. O acúmulo de dados propiciado pela pesquisa etnográfica acabou por mostrar que o gênero de família caracterizado,

---

5 LÉVI-STRAUSS, C. A família. *In*: *O olhar distanciado*. Lisboa: Edições 70, 1986.

nas sociedades contemporâneas, pelo casamento monogâmico, pela residência independente dos jovens esposos, pelas relações afetivas entre pais e filhos etc. também existe nitidamente nas sociedades que permaneceram num nível cultural que julgamos rudimentar. De tal magnitude é a incidência desse arranjo, realizado de forma variada em diferentes sociedades, que Lévi-Strauss pergunta-se: "se a universalidade da família [nuclear] não é o efeito de uma lei natural, como explicar que a encontremos por quase todo lado?" (LÉVI-STRAUSS, 1986, p. 75). Não se trata de uma lei natural, porque a simples existência de outros arranjos familiares, tais como a poligamia, impede tal explicação. Trata-se, portanto, de um arranjo que compartilha com a natureza seu caráter universal, mas que é fenômeno social, cultural, manifesto na diversidade de suas formas. Em busca da explicação para a prevalência de tal arranjo, ele começa por defini-lo, construindo um modelo reduzido de algumas de suas propriedades invariantes que serviria para descrever toda família, independentemente de sua localização espacial ou temporal. São essas propriedades:

- A família tem origem no casamento.
- A família inclui o marido, a mulher e os filhos nascidos de sua união, formando um núcleo em torno do qual outros parentes podem, eventualmente, se agregar.
- Os membros da família estão unidos entre si por: a) laços jurídicos; b) direitos e obrigações de natureza econômica, religiosa ou outra; c) uma rede precisa de direitos e proibições sexuais e um conjunto variável e diversificado de sentimentos, como o amor, o afeto, o respeito, o medo etc.

Esse modelo abarca uma diversidade enorme de configurações familiares, compreendendo-as todas como lugar de intersecção, de entrecruzamento de laços de natureza biológica, consanguínea – como os criados com o nascimento dos filhos – e social – como o originado no casamento, vínculo de aliança regulado socialmente.

A família inicia-se com o casamento. Toda sociedade, segundo Lévi-Strauss, impõe uma distinção entre o casamento, laço legal, socialmente aprovado, e as uniões temporárias ou permanentes resultantes da violência ou do consentimento. E, em seu conjunto, todas as sociedades atribuem um grande valor ao estado conjugal, sendo o celibato condenável para a maior parte delas. "É que, em sociedades nas quais reina a divisão do trabalho entre os sexos e em que só o estado conjugal permite ao homem gozar dos produtos do trabalho feminino, um solteiro é somente metade de um ser humano" (LÉVI-STRAUSS, 1986, p. 79). Marido e esposa, oriundos de famílias diferentes, unem-se muito menos, de acordo com o autor, devido a preocupações de ordem sexual do que econômica. Diz ele: "são as preocupações de ordem econômica que desempenham um papel de primeiro plano, pois é sobretudo a divisão do trabalho entre os sexos que torna o casamento indispensável" (LÉVI-STRAUSS, 1986, p. 84). A divisão do trabalho institui um estado de dependência recíproca entre os sexos. Evidentemente, é preciso aqui distinguir o fato da divisão do trabalho entre os sexos de suas diferentes modalidades, que dependem de fatores sociais, econômicos e culturais.

É interessante aqui confrontar a leitura sobre a origem do casamento feita por Lévi-Strauss – que o assenta, como dissemos, também em necessidades de ordem econômica, ligadas à divisão do trabalho entre os sexos – daquela feita por Freud em *Totem e tabu*, segundo a qual é o reconhecimento por parte do homem de suas necessidades sexuais e afetivas contínuas e, por parte da mulher, de sua necessidade de proteção para poder manter junto de si sua cria, que daria origem ao casamento e à família. As duas leituras focalizam diferentes ordens de necessidades humanas. A primeira destaca seus fundamentos sociais e econômicos; a segunda, as demandas sexuais e afetivas de homens e mulheres que se casam e se organizam em famílias. Evidentemente, essas diferentes ordens de necessidades estão interligadas, já que tanto as tarefas associadas às mulheres quanto aquelas desempenhadas pelos homens atendem de forma conjunta e indissociável necessidades materiais e afetivas.

O casamento dá origem a uma família. Ao unir-se um homem oriundo de uma família a uma mulher de outra, são as famílias que se enlaçam, para constituir um novo agrupamento familiar. "São antes as famílias que produzem o casamento, principal meio socialmente aprovado de que dispõem para se aliarem umas às outras" (LÉVI-STRAUSS, 1986, p. 80). Para Lévi-Strauss, o casamento não é, como o senso comum costuma conceber, um assunto privado, união de indivíduos. O casamento une grupos, famílias, que através dele trocam esposas. É, desse modo, instituição privilegiada que garante que os grupos familiares não se fechem sobre si, provendo apenas em seu interior as necessidades pessoais de seus membros, mas tenham que se abrir para outros grupos, para com eles garantir sua sobrevivência. Assim, porque depende para sua formação de uma sociedade constituída por outras famílias que a precedem, que podemos dizer que a família não se constitui por uma união natural, biológica. Ela é instituição social, regula-se socialmente e cumpre função essencial para a manutenção e coesão da sociedade, integrando as unidades familiares parciais no interior da comunidade maior e evitando o fracionamento social que poderia advir de casamentos consanguíneos, feitos em grupos fechados. Diz Lévi-Strauss:

> em todas as sociedades humanas, a criação de uma nova família tem como condição absoluta a existência prévia de duas famílias, prontas a fornecer, uma um homem, outra uma mulher, de cujo casamento nascerá uma terceira família, e assim indefinidamente [...] entre os humanos, uma família não poderia existir se primeiro não houvesse uma sociedade – pluralidade de famílias que reconhecem a existência de laços além dos de consanguinidade – e o processo natural da filiação não pode seguir o seu curso senão integrado no processo social da aliança (LÉVI-STRAUSS, 1986, p. 88).

No Capítulo XXIX de *Estruturas elementares do parentesco*, Lévi-Strauss, após um percurso minucioso por diferentes sistemas de parentesco dos quais busca descrever a lógica de funcionamento, sintetiza os princípios gerais do parentesco, evitando as narrativas singulares que os configuram. Ali, ele mostra que há um sistema de trocas na origem das regras do casamento. A troca entre famílias é a base fundamental e comum de todas as modalidades da instituição matrimonial. Essa troca é assegurada pela proibição do incesto, que se estende a todos os homens e mulheres: a liberdade de se casar com alguém de fora da própria família – a exogamia – está assegurada pela extensão a todos os homens e mulheres de uma proibição semelhante a que afeta cada um deles em particular – a de casar-se com alguém de sua própria família, a mãe ou a irmã, o pai ou o irmão, na maior parte das sociedades, mas que se estende a uniões entre pessoas com graus diversos de parentesco, como o casamento entre primos, tios e sobrinhas etc., na dependência de cada grupo social. Atrás da expressão superficialmente negativa da regra da exogamia – negativa porque proíbe o casamento nos graus interditos –, há a garantia da troca, da circulação total e contínua dos bens do grupo por excelência, que são as mulheres e suas filhas. A proibição do incesto é menos uma regra que proíbe se casar com a mãe, a irmã ou a filha do que uma regra que obriga a dar a outrem a mãe, a irmã ou a filha. Os homens trocam palavras e mulheres, tendo ambas a função fundamental de comunicação com o outro e a integração do grupo. "Se sou um indígena e encontro um outro indígena, este deve ser ou meu parente ou meu inimigo... não há meio-termo" (LÉVI-STRAUSS, 1976). Através do casamento, os estrangeiros tornam-se parentes e garantem assim a cooperação mútua. "Como se costuma dizer na Nova Guiné, o casamento tem menos por objetivo a procura de uma esposa do que o de obter cunhados" (LÉVI-STRAUSS, 1976, p. 80). Lévi-Strauss contrapõe a relação de irmãos à de cunhados: a primeira estaria baseada num vínculo de solidariedade mecânica, fundamentada na semelhança entre os irmãos, sendo seu modelo fornecido pela natureza. A segunda constitui um vínculo de solidariedade orgânica, social, que tem uma eficácia funcional. Através da proibição do incesto, portanto, faz-se a passagem dos vínculos naturais para os vínculos de aliança, da natureza para a cultura, assegurando o domínio dos laços sociais sobre os biológicos. Só as instituições humanas, a diferença dos animais, põem sistematicamente em prática regras negativas, proibições, para criar laços sociais. É o grupo social que conta, sua perpetuação, não a família elementar. Esta deve ser transitória, tolerada socialmente porque provê as necessidades básicas de seus membros, porque somos um corpo e precisamos comer, agasalhar-nos, unir-nos sexualmente, vivermos em intimidade. A família é o reduto onde grande parte dos homens pode ver atendidas essas necessidades. Mas os vínculos de dependência que ali se constituem e perduram por um bom tempo na vida de cada um de nós devem contribuir para sua própria dissolução, para que possamos nos independizar da família de origem e vir a criar outra, numa sucessão infinita de famílias. "Em todos os casos, as palavras das Escrituras – 'Deixarás o teu pai e a tua mãe' – fornecem a regra de ouro ao estado da sociedade" (LÉVI-STRAUSS, 1976, p. 97).

Lévi-Strauss afirma assim que a proibição do incesto é um fenômeno social, não podendo ser reduzido à biologia nem à afetividade que circula no interior da família. Os sentimentos contraditórios vividos na relação entre pais e filhos – o amálgama de amor e ódio, respeito, rivalidade, ciúmes e temor de que tratávamos ao falar do complexo de Édipo, tal como descrito por Freud – só são incompatíveis, segundo Lévi-Strauss, em função do papel cultural que a família é levada a desempenhar, e que deve se sobrepor e conter os desejos e afetos pessoais. Mas as ideias de Lévi-Strauss e Freud quanto à função da proibição do incesto não são incompatíveis. Talvez mais correto seria dizer que, enquanto o primeiro estabelece o valor funcional dessa proibição para a preservação e perpetuação dos grupos sociais, o segundo acentua seu valor central na constituição psíquica dos homens. Para ambos, essa proibição é a regra fundamental que permite a passagem do âmbito da natureza para a cultura, servindo de base para todas as regras do convívio social.

Ao propor um modelo estrutural para compreender o sentido da formação dos grupos familiares e sua função primordial na perpetuação dos grupos sociais, Lévi-Strauss permite-nos aproximar famílias de diferentes lugares e diferentes momentos da história a partir das semelhanças de seus arranjos e de suas regras de funcionamento. Um outro vértice de estudos da família, realizado pela sociologia e pela história, nos ensina sobre os processos de transformação que são continuamente impostos aos agrupamentos familiares a partir das mudanças sociopolítico-econômicas das sociedades em que estão inseridos, e nos alerta sobre a importância de levar em consideração, quando examinamos dinâmicas familiares, os fatores socioeconômicos com que cada família tem que se haver para sobreviver e cuidar de seus membros em espaços e tempos sociais determinados historicamente. Em meados do século XX, Adorno e Horkheimer, pesquisadores da Escola de Estudos Sociais de Frankfurt, na Alemanha, pensaram a especificidade dos processos que afetavam naquele momento a família ocidental a partir de uma teoria crítica da vida social que procurou integrar as concepções materialista-históricas advindas do marxismo a uma compreensão do homem advinda principalmente da teoria freudiana. No texto "Família", que faz parte da coletânea *Temas básicos da sociologia*[6], eles mostram como as formulações de Freud sobre o nascimento, desenvolvimento e adoecimento da

6 ADORNO, T.; HORKHEIMER, M. Família. *In*: *Temas básicos de sociologia*. São Paulo: Cultrix, 1973.

psique pressupõem uma determinada concepção de família como instituição socialmente definida, inserida num universo cultural que compreende regras e valores estabelecidos. E apesar de as formulações de Freud terem um caráter universal – possivelmente por isso ele tenha escolhido nomes da mitologia grega para cunhar seus achados, tais como Édipo, Eros, Tânatos etc., a fim de vinculá-los a uma concepção que abrange a totalidade do cosmo –, esses estudiosos mostraram as relações entre seu pensamento e as condições sociais específicas de sua produção, ou seja, a sociedade burguesa de fins do século XIX, cuja organização familiar predominante era monogâmica e patriarcal, sendo o pai, o *pater familias*, detentor da propriedade e autoridade máxima dentro da família. O filho identificava-se com essa figura de poder, a quem amava e temia.

> Assim, a criança, que na força paterna baseava as suas próprias instâncias morais e, portanto, a sua própria consciência, para aprender, por último, a respeitar e amar quem se apresentava ao seu intelecto como efetivamente existente, aprendia também a relação burguesa de autoridade e já não apenas o referente à esfera da família. A família convertera-se em agente da sociedade; era o veículo pelo qual os filhos aprendiam a adaptação social; formava os homens tal como eles tinham de ser para cumprir as tarefas impostas pelo sistema social (ADORNO; HORKHEIMER, 1973, p. 138-139).

Adorno e Horkheimer mostram a família burguesa como instância do processo de adaptação à sociedade capitalista, já que somente a autoridade que adquire corpo na família – através das relações de sangue e dos desejos e temores que circulam em seu interior – pôde inculcar nos homens as forças que lhes eram indispensáveis para reproduzir, nas condições de assalariados separados do poder de controle sobre os meios de produção, sua força de trabalho e, por conseguinte, sua própria vida. Os autores descreveram também a crise da família burguesa, resultante das profundas transformações econômicas que ocorreram no mundo ocidental nas primeiras décadas do século XX e que resultaram, em alguns países, em empobrecimento de grande parte da população.

> Enquanto a família assegurava proteção e conforto aos seus membros, a autoridade familiar encontrava sua justificação. Mais do que isso: a propriedade hereditária constituía, por si só, um sólido motivo de obediência por parte dos herdeiros [...] Quando a propriedade burguesa foi destruída num número cada vez maior de famílias, o conceito de herança foi esvaziado de todo sentido. Também como autoridade do tabu sexual a autoridade da família vê enfraquecer o seu domínio. Como a família já não garante, de forma segura, a vida material dos seus membros nem pode proteger suficientemente o indivíduo contra o mundo externo, que exerce uma pressão cada vez mais inexorável, ela é impotente para fazer respeitar as normas sexuais tradicionalmente impostas. Vacila o equilíbrio de equivalências entre o que a família exige e o que ela dá... (ADORNO; HORKHEIMER, 1973, p. 140-141).

A família cumpria cada vez menos sua função de instituição de aprendizagem e educação. Os pais já não tinham mais um patrimônio cultural e de experiências que pudesse ser transmitido[7]. Adorno e Horkheimer reveem toda a

7 A família burguesa que, segundo Adorno e Horkheimer, serviu de modelo para as formulações de Freud, já passava por uma crise profunda no momento em que ele formulava suas teorias. E a psicanálise, ao penetrar os interstícios dessa família, contribuiu, ao nosso ver, para trazer à luz essa crise.

dinâmica do complexo de Édipo à luz dessa nova configuração social, na qual o pai já não se apresenta diante do filho como a figura idealizada, amada e temida que Freud descreve quando tem em mente o pai da família burguesa plenamente estabelecida.

No texto desses autores, fica clara a necessidade, tal como nos referimos, de integrar o entendimento dos processos sociais na compreensão das mudanças pelas quais passa a família na atualidade. A família é uma instituição social, cumpre uma função fundamental na manutenção do tecido social e é diretamente afetada em seu interior pelas mudanças sociais mais amplas. Essas considerações não podem escapar da nossa atenção quando pensamos a família a partir de suas dinâmicas internas de funcionamento. Não podemos isolá-la de seu contexto social mais amplo, a partir do qual ela deve ser compreendida, integrando-o às reflexões de um processo de investigação e pesquisa que nos permita adentrar as tramas das relações familiares, tal como o faremos adiante.

2
A família no campo da psicologia: a abordagem sistêmica

Os primeiros trabalhos que tomaram a família como unidade de pesquisa e intervenção dentro do campo dos estudos psicológicos ocorreram em meados do século XX, alguns anos após o fim da Segunda Guerra Mundial, em diferentes países do mundo ocidental – Estados Unidos, Inglaterra, Argentina, para citar alguns dos núcleos iniciais mais importantes na produção desses trabalhos. A partir do impacto da brutalidade do extermínio humano em massa durante a guerra e de uma vasta reflexão sobre a barbárie a que conduziram os progressos da civilização, movimentos sociais avançados, entre eles os nomeados de contracultura, questionaram e denunciaram os malefícios que o meio social pode produzir aos homens. O livro de

Freud *O mal-estar na civilização*, escrito em 1930, foi uma das obras que contribuíram para a reflexão sobre o adoecimento psíquico resultante dos mecanismos repressivos impostos pelas instituições sociais. Esse processo de reflexão e questionamento, que incidiu em todos os campos da cultura – nas universidades, nas artes, nas relações de gênero, na educação de crianças, nos costumes etc. –, implicou uma profunda revisão das instituições, no que elas têm de irracionais, autoritárias, repressivas e enlouquecedoras. A família não escapou desse exame, enquanto instituição na qual se dão os primeiros processos de socialização, que insere os homens numa língua, numa determinada concepção de mundo, numa cultura. É o que vemos nas reflexões de Adorno e Horkheimer. Não só a figura do pai foi posta em questão, mas toda a família ficou sob suspeita e, a partir de um pano de fundo de entendimento do homem como produto de seu meio social, passou a ser investigada tanto em seu potencial de promover o desenvolvimento quanto de provocar o adoecimento.

No campo da psiquiatria, ampliou-se nesse período a ideia de que não é possível compreender e tratar o paciente portador de transtornos mentais sem que se leve em consideração e se trate também sua família, como parte implicada no sofrimento. Assim, a partir da década de 1950, em Palo Alto, Califórnia, um grupo de pesquisadores coordenados pelo antropólogo Gregory Bateson realizou estudos e intervenções com pacientes esquizofrênicos tendo como ferramentas as concepções desenvolvidas pela teoria geral dos sistemas – campo de estudos da cibernética – e dos processos de comunicação humana, aplicadas às famílias desses pacientes. De acordo com essas concepções, o doente mental teria que ser pensado e tratado como parte de um sistema, o sistema familiar, que funcionaria a partir de regras explícitas e implícitas que o organizam e fornecem sentidos a comportamentos, modos de perceber e pensar e também de adoecer dos seus membros. Nesse sistema, cada parte, cada membro da família tem sua localização dada pelas relações que estabelece com as outras partes. Essas relações dão sentido também à função de cada um no interior do sistema e nas interações que se estabelecem entre esse sistema e outros com os quais se articula. A patologia mental, localizada num dos membros, manteria certos padrões estáveis de relação com determinados modos de interação na família que favoreceriam o adoecimento – as condutas patológicas pensadas como condutas adequadas a um meio familiar patológico –, e não seria possível tratar o doente mental sem intervir e transformar os modos de interação em família.

São algumas das propriedades gerais dos sistemas familiares:

- A totalidade e seu corolário, a não somatividade, ou seja, a família não é a soma de seus membros, mas todos eles formam um todo no qual a modificação de um induz a do restante.
- A homeostase, isto é, o estado de equilíbrio do sistema e sua tendência à correção e volta ao estado inicial através de mecanismos diversos que atendem a essa finalidade.
- A equifinalidade, ou seja, o fato de que o estado do sistema familiar explica-se pela natureza de suas relações internas e externas, independentemente da história de construção dessas relações.

Dessas concepções derivaram-se novas terapêuticas que tomaram a família como paciente, isto é, como totalidade a ser examinada. O tratamento do doente mental não poderia se desenvolver se as formas de funcionamento da família não fossem revistas pelo grupo. O paciente identificado é parte do grupo familiar e sua enfermidade cumpre um papel equilibrador dentro desse sistema. Ele pôde ser visto assim como um bode expiatório, depositário e por isso mesmo também porta-voz das patologias do grupo familiar a que pertence. E todo o esforço dos pesquisadores e terapeutas que se debruçaram sobre a família a partir dessas concepções foi o de identificar as formas de interação e de comunicação recorrentes nas famílias de pacientes com transtornos mentais, particularmente esquizofrênicos. Em especial as terapias familiares de abordagem sistêmica desenvolveram-se acumulando técnicas de intervenção nas formas de relação e nos padrões de comunicação no interior da família, com vistas a produzir modificações.

Um dos padrões recorrentes de interação encontrados, que estaria na base do funcionamento esquizofrênico, é o que Bateson e colaboradores nomearam de duplo vínculo, isto é, uma sequência repetitiva em família na qual um enunciado negativo emitido por um dos pais – por exemplo, "Não faça isto ou eu te castigarei." – é contradito por outro enunciado, em geral mais abstrato, também reforçado por castigos ou sinais que põem de algum modo em perigo a sobrevivência do filho. Esse segundo enunciado pode ser transmitido por meios não verbais. São utilizados a postura, o gesto, o tom da voz etc., e o conteúdo desse enunciado pode incluir uma variedade de possibilidades, como "Não veja isto como um castigo." ou "Não te submetas às minhas proibições." etc. O receptor desse duplo enunciado se vê preso em uma situação na qual a outra pessoa expressa duas ordens de mensagens, sendo que uma delas nega a outra. Um terceiro enunciado implícito proíbe que a vítima escape da situação. É o caso, por exemplo, quando o receptor é uma criança ou um adolescente, que dependem dos adultos emissores das mensagens para sobreviver. Como esse pode ser um modo recorrente de comunicação no interior da família, em especial na relação entre pais e filhos, estes últimos aprenderiam a perceber seu universo em padrões de tipo duplo vínculo, que impõem a cisão da percepção e da compreensão, constituindo necessidades imperiosas de cindir também outras relações pessoais. Através desses modos de comunicação e interação, a família ofereceria modelos contraditórios de identificação, impossíveis de integrar.

Surgiam assim novas explicações para a doença mental, a partir de referenciais de compreensão distintos da psiquiatria tradicional – focada no indivíduo, nos fenômenos intrapsíquicos – e exigindo formas de abordagem terapêuticas também distintas. No caso do duplo vínculo, fica claro que é preciso intervir nos padrões de comunicação recorrentes no interior das relações familiares para produzir transformações nas causas do transtorno, diminuindo o processo de cisão que caracteriza, entre outras patologias, a esquizofrenia.

Outro conceito formulado a partir da abordagem sistêmica por Lyman Wynne e colaboradores[8], e que se mostrou fértil na clínica com famílias, é o de pseudomutualidade.

---

8 WYNNE, L. *et al.* Pseudo-mutualidad en las relaciones familiares de los esquizofrénicos. *In*: BATESON, G. (org.). *Interacción familiar*. Buenos Aires: Tiempo Contemporáneo, 1974.

Os autores assim nomearam um esforço de adequação realizado às custas de uma impossibilidade de diferenciação identitária entre as pessoas que participam da relação. Nas relações caracterizadas pela mutualidade, cada pessoa traz um sentido de sua própria identidade significativa que é positivamente valorizado e, a partir da experiência ou participação conjunta, desenvolver-se-ia o reconhecimento mútuo da identidade de cada um, o que inclui um reconhecimento das capacidades e das potencialidades do outro. Na pseudomutualidade, ao contrário, a tensão despertada por uma divergência ou independência de expectativas é experimentada como algo que pode destruir a relação, o que implica a configuração de um dilema: a divergência é percebida como um fator de ameaça à relação, o que torna necessário evitá-la, mas, ao evitar a divergência, a relação não pode se desenvolver. Nas interações familiares, a necessidade permanente de transitar entre as relações pode proporcionar possibilidades ricas de mutualidade ou mecanismos mais complexos para manter a pseudomutualidade. No episódio esquizofrênico agudo, segundo esses autores, se poderiam encontrar representações da fratura da pseudomutualidade, a tentativa de restauração desta e o êxito de um tipo distorcido de individuação. Os sintomas representariam, dentro dessa concepção, "uma transação entre a expressão de individuação e a impossibilidade de alcançá-la, entre a aceitação de um papel familiar particular e a não aceitação, entre o êxito da relação e a sua destruição" (WYNNE *et al.*, 1974, p. 153).

Entre os mecanismos utilizados pela família para manter seu equilíbrio psíquico, próprios das interações pseudomutuais, pode-se encontrar uma generalidade de mitos, lendas e ideologias, todos eles enfatizando ou sugerindo as consequências catastróficas de uma divergência abertamente reconhecida a respeito de uma determinada estrutura fixa de papéis familiares. O artigo de Antonio Ferreira sobre mitos familiares[9] foi seminal no sentido de trazer para o campo dos estudos de família a noção de mito, tal como utilizada de longa data nos estudos antropológicos. Segundo o autor, o conceito de mito familiar refere-se a uma série de crenças sistematizadas e compartilhadas por todos os membros da família a respeito de seus papéis mútuos e da natureza de suas relações. Os mitos familiares são compartilhados e apoiados por todos os membros como se tratassem de verdades para além de qualquer desafio ou investigação e, para as interações no interior da família, têm um valor econômico preciso: uma vez que são compartilhados por todos os membros da família sem discussão, promovem rituais e áreas pacíficas de acordo direto e automático. Em sua manifestação implícita, são verdadeiros programas de ação que poupam qualquer pensamento ou elaboração posterior. Em seu conteúdo, o mito familiar pode parecer referido a uma só pessoa ou a duas em particular, mas de fato sempre se refere a toda a família, determinando a conduta de todos os membros.

Uma vez que o mito se torna operativo, ele permanece como um aspecto integral da relação, funcionando como força ordenadora, como um amortizador frente a mudanças. Em sua função de defesa do grupo, promove a homeostase e a estabilidade da relação, tendendo a formar parte da imagem interna da família. Para o terapeuta ou para qualquer outro estranho, o mito pode parecer irra-

---

9 FERREIRA, A. Mitos familiares. *In*: BATESON, G. (org.). *Interacción familiar*. Buenos Aires: Tiempo Contemporáneo, 1974.

cional ou irreal; os membros, no entanto, o percebem não apenas como emocionalmente indispensável, mas como parte integral de sua realidade.

Assim, por exemplo, poderíamos compreender como uma dimensão mítica da dinâmica familiar o que frequentemente observamos em famílias nas quais o pai é alcoolista. Esse fato coloca-o, no mais das vezes, como forte candidato a ser o depositário das mazelas familiares e como alguém continuamente necessitado do cuidado dos outros familiares. Identificado como bêbado, ele permite, no entanto, que os demais se vejam como sãos. Como fraco, permite ao grupo ver-se forte, ainda que tendo que lidar com a angústia e os transtornos advindos dessa situação. Os ambulatórios de psiquiatria recebem com frequência casais nos quais, a um marido alcoolista, fraco e inadequado, corresponde uma mulher forte, batalhadora, que toma para si todos os cuidados da casa. À primeira vista, podemos nos perguntar sobre o que faz uma mulher tão capaz e independente com um homem tão fraco e dependente dela. Mas um exame mais detido permite ver que essa dinâmica atende a necessidades psíquicas de ambos, sendo um dos dois, o marido, objeto da tolerância e do cuidado e o outro, a esposa, fortalecida narcisicamente em seu lugar de tolerante e cuidadora. Este é um elemento importante de ligação do casal, mantenedor de um certo equilíbrio psíquico que se dá apesar do sofrimento implicado.

A partir da análise dos mitos familiares é possível ter indícios da estrutura de relações que regulam o funcionamento familiar e sua dinâmica emocional. É a partir do interior dessa estrutura que a família oferece interpretações de si própria, do mundo e de seus acontecimentos significativos, servindo-se e limitando-se pelos significados culturais e temporais advindos do contexto social e mais amplo do qual faz parte.

Uma característica importante da abordagem sistêmica, da qual procuramos aqui descrever alguns conceitos, é o fato de considerar que se pode intervir nos padrões relacionais e comunicativos no interior da família atendo-se à atualidade dessas relações e propondo mudanças a partir de concepções normativas que ignoram ou fazem tábula rasa da história familiar. Aqui não se busca a origem dos padrões de relacionamento observados, mas propõe-se a mudança de comportamentos e de formas de comunicação através de técnicas terapêuticas variadas de intervenção. Um exemplo muito interessante dessa forma de abordar modos de funcionamento familiar foi um trabalho de intervenção e pesquisa realizado por uma equipe de psicólogos, psicanalistas, psiquiatras e assistentes sociais coordenada por Salvador Minuchin, com famílias porto-riquenhas e negras em Nova Iorque, na década de 1950. O estudo, apresentado no livro *Families of the slums*[10], comparou famílias com filhos adolescentes que tinham se envolvido em episódios delinquenciais com outras famílias, de características socioeconômicas semelhantes, cujos filhos não tinham se envolvido em experiências desse tipo. A equipe de Minuchin atendeu ambos os grupos de famílias com a hipótese de que se poderia encontrar, nos padrões de interação e comunicação no interior das famílias, a origem para as condutas delinquentes. Ou seja, de que nas famílias com adolescentes delinquentes haveria, no lugar

10 MINUCHIN, S. *Families of the slums*. An exploration of their structure and treatment. New York; London: Basic Books, Inc., 1967.

de uma comunicação verbal mais plena dos afetos, formas de comunicação que recorriam frequentemente ao ato violento, por não disporem de outras possibilidades expressivas. A partir dessa hipótese, urgia realizar um trabalho com essas famílias no sentido de possibilitar e incrementar o diálogo entre seus membros, de maneira a desenvolverem outras formas de comunicação, particularmente a comunicação verbal. É um trabalho interessante de ser examinado principalmente pela diversidade das formas de intervenção que os autores encontraram para que a família pudesse conversar e observar a si própria em seus modos de funcionamento.

Os princípios gerais da teoria dos sistemas e dos processos de comunicação humana aplicados ao trabalho com famílias trouxeram contribuições fundamentais, e todos os desenvolvimentos que se fizeram no campo das terapias de família, incluindo aqueles realizados dentro do campo da psicanálise, levaram em consideração e incorporaram esses princípios, especialmente ao tomarem o todo familiar como unidade de tratamento, tendo o foco na qualidade das interações que se dão em seu interior e em suas relações com o exterior.

3
A psicanálise da família

À concepção da família como um sistema, os psicanalistas que se voltaram para o atendimento do grupo familiar fizeram importantes contribuições a partir dos desenvolvimentos teóricos e técnicos no interior do campo psicanalítico. Embora os diferentes autores, a partir de suas escolas de referência, tenham elaborado diferentes formas de perceber e tratar a família, há alguns elementos comuns fundamentais que os norteiam e que caracterizam seus trabalhos como estando plenamente inseridos dentro do campo psicanalítico. Esses elementos são os mesmos que estruturam o trabalho psicanalítico com o paciente individual. O que permite fazer essa passagem do individual para o grupo familiar é a ideia de que, em ambos os casos, trata-se de operações psíquicas que pretendem dar conta de algum tipo de regulação emocional, com o fim de permitir um certo equilíbrio homeostático do organismo, quer seja este um indivíduo ou uma família. Tanto no indivíduo como na família há partes que têm que se haver umas com as outras, e que exigem trabalho psíquico para esse convívio sempre difícil.

Na investigação psicanalítica, em primeiro lugar é preciso levar em consideração a existência de uma parte do funcionamento mental que é inconsciente, ou seja, o conhecimento, advindo das descobertas psicanalíticas de Freud, de que todo gesto e toda palavra humana têm sentidos que escapam à consciência de quem os produz e os exprime. A concepção do que é inconsciente varia segundo as diferentes escolas psicanalíticas, desde considerá-lo como um depósito de experiências sexuais infantis reprimidas, tal como exposto por Freud em seus primeiros trabalhos, até como a configuração de um mundo interno feito de objetos – pessoas e partes de pessoas – e das relações entre esses objetos, tal como derivado das teorizações de Melanie Klein, ou ainda como um inconsciente estrutural, isto é, um conjunto de leis que regulam e determinam o funcionamento mental, tal como proposto numa concepção estrutural do aparelho psíquico. Não é aqui o lugar de adentrar uma discussão sobre esses diversos modos de conceber o inconsciente, mas apenas de assinalar o fato fundamental de que a psicanálise da família vai se interessar pelo significado inconsciente da experiência que os membros da família têm da e na vida em família. Portanto, os comportamentos e os padrões de relacionamento e de comunicação entre os membros de uma família serão tomados como experiências expressivas que constituirão a matéria de reflexão no trabalho psicanalítico com famílias. Do ponto de vista psicanalítico, a família é um grupo de pessoas caracterizado pela natureza das interações entre seus membros e pelos processos dinâmicos inconscientes que estão na base de seus laços manifestos. Todos os psicanalistas concordam que esses processos são precoces em sua origem e estabelecem importantes ligações entre as gerações. A terapia psicanalítica da família buscará constituir-se como um espaço grupal construído entre a família e o terapeuta, onde esses processos poderão ser examinados e seus sentidos terão a possibilidade de exprimir-se, para que se possa entrar em contato e pensar sobre eles. Tal como na psicanálise individual, é o exame do que acontece na situação psicanalítica, entre a família e o terapeuta, que poderá iluminar aspectos dos modos de relacionamento entre os familiares, os lugares ocupados por cada um deles e os processos dinâmicos que mobilizam ou impedem as relações e transformações. Como em toda psicanálise, o terapeuta também é parte do campo emocional criado na análise, sofre as pressões desse campo e contribui para determinar, por seu lugar e pelas fantasias e expectativas em relação a ele, os acontecimentos nesse campo. Cabe aqui, de modo particularmente feliz, a expressão cunhada por Betty Joseph, psicanalista da escola kleiniana, sobre a transferência como *situação total*, uma vez que, no trabalho psicanalítico com o grupo familiar, estarão incluídos e deverão ser levados em consideração todos os fenômenos atinentes ao processo: as presenças e ausências de todos os membros, o modo de a família organizar-se para vir às sessões, quem traz e quem é trazido, o momento e o modo como chegam, como se organizam na sala, como sentam e se movimentam diante do terapeuta, quem fala e quem cala, quem escuta quem, as adesões do grupo ao trabalho terapêutico etc. Vale aqui uma vez mais ressaltar que, trabalhando a família como uma totalidade da qual todos os membros são partes, na terapia familiar as expressões de cada um serão sempre referidas ao grupo, como indicações do modo de funcionamento psíquico do conjunto. Portanto, as manifestações individuais serão tratadas aqui de modo diferente da psicanálise individual, na qual oferecem elementos para a compreensão do funcionamento psíquico individual, a cada momento da sessão.

Um exemplo importante do que estamos dizendo ocorre com o sonho. Quando relatado no interior da relação analítica clássica, entre paciente e analista, o sonho surge como indicador importante das vicissitudes pelas quais passa a relação no momento de seu relato. Ele é expressivo da situação transferencial, tal como está sendo vivida pelo paciente. É o modo pelo qual este dá a conhecer ao analista, metaforicamente, sua experiência emocional na e da análise. Ao mesmo tempo, porque a transferência é atualização do modo de ser psíquico do paciente em contínuo processo de mudança na sua relação com o analista, o trabalho transferencial com o sonho informa sobre esse modo de ser, sobre o estado atual do mundo interno do paciente, que tende a organizar-se segundo padrões recorrentes, que se dão assim a conhecer. Esta é, em linhas gerais, a forma pela qual o sonho é compreendido e trabalhado na psicanálise individual. Na psicanálise da família, o relato do sonho, seja quem for que o traga, será tomado como expressão e informação sobre o modo de funcionamento psíquico do grupo familiar – as fantasias e ansiedades que circulam nas interações entre os membros, em grande parte de forma inconsciente, e os modos pelos quais o grupo organiza-se, também inconscientemente, para lidar com elas. O sonhador traz o sonho para o campo da terapia familiar, onde ganhará sentidos próprios de sua emergência nesse contexto. É comum que outros familiares façam associações ao sonho, construindo juntos uma compreensão de seus sentidos possíveis. O terapeuta de família também convida as associações, seja pedindo-as explicitamente a todos, seja quando, a partir dos movimentos transferenciais e contratransferenciais, produz interpretações através das quais elementos do sonho iluminam aspectos do aqui-e-agora da interação familiar no campo terapêutico. Nesse contexto, diz Luiz Meyer[11], "o sonho é a revelação de uma postura coletiva" (MEYER, 2002, p. 205). O autor faz o relato da análise de uma família, da qual se extrai um trecho que ilustra o que estamos querendo dizer a respeito da especificidade aqui do trabalho com o sonho:

> Na verdade, não me lembro mesmo quem o sonhou, mas ele foi, acredito, narrado por Saul [o filho do meio] e complementado pela mãe, já que ambos haviam conversado sobre o mesmo antes da sessão. O pai também intervém em vários momentos, trazendo associações. No sonho, estão presentes Miguel [o filho mais velho] (ou Saul?), a mãe e Maria. Parece que a mãe e Maria caminham juntas e Miguel (ou Saul) mais atrás. Num certo momento, Maria olha para Miguel (ou Saul) de modo muito ameaçador. Saul diz: "No sonho, Maria vestia uma roupa fluorescente, digo, florida". [...]
>
> As associações se prendem à figura de Maria. Esta fora por muito tempo empregada de um casal vizinho da família. Há alguns anos, num fim de semana, a filha única desse casal, seu marido e os dois filhos morreram todos num acidente de aviação ocorrido durante a aterrissagem no aeroporto de

11 MEYER, L. *Família*: dinâmica e terapia. 2. ed. São Paulo: Casa do Psicólogo, 2002. (Capítulo VI – O sonho como expressão da familidade.)

uma cidade do interior do Estado. Maria fora passar esse fim de semana fora e os pais da minha família se encarregaram de recebê-la, informá-la sobre o acontecido e levá-la até a estação rodoviária para juntar-se a seus patrões no local do acidente. Recordam o dia em detalhes e como, a sós, à noite, choraram muito. Acrescentam que 11 meses depois Maria também iria morrer, vítima de um ataque cardíaco. Conversam espontaneamente entre si: "Era uma mulher tão boa, por que será que no sonho olhava de modo tão ameaçador?" Pai e filho especulam um pouco: era um olhar de acusação. Afinal, nem ela nem os pais da vítima viram o acidente, estiveram presentes na hora da morte. Talvez... A mãe começa a chorar; sente que o diálogo entre eles é uma acusação ao seu modo de lidar com os filhos, à sua cegueira.

O terapeuta intervém, centrando sua interpretação nos elementos transferenciais presentes, oriundos dos diferentes aspectos identificatórios de Maria. Ele é a boa empregada que vem seguindo a família e dela cuida, trabalhando para manter limpo o seu interior; mas é também o diabo radioativo (o lapso de Saul, que troca "florido" por "fluorescente") que penetra insidiosamente nesse interior, enviando interpretações raio-destrutivas; é o portador do escândalo e da desarmonia que os "obriga" a retornar até o local do acidente e ali permanecer" (MEYER, 2002, p. 207-208).

Vemos, no relato, como, de tão introjetada a ideia de que o sonho serve como expressão do estado do grupo familiar na sessão, o terapeuta nem sabe bem – e parece não importar – quem o sonhou, ou mesmo quem o relatou. Como se aquele que contou o sonho, ou mesmo o sonhou, tivesse funcionado como porta-voz do sonho do grupo. Também sobre o filho que está no sonho o terapeuta não tem certeza. É nessa indeterminação que surge para nós o sentido dos lugares intercambiáveis na família, e a noção da circulação da experiência emocional entre os membros. Aqui, Saul, Miguel, não são indivíduos psicológicos isolados, únicos. Eles próprios tornam-se representantes, continentes que se prestam, ora um, ora outro, para fazer falar a dinâmica familiar. Todos associam, o pai também, em busca da apropriação do sentido do sonho. Vemos que as associações falam deles enquanto família – de seus vizinhos, do modo como foram convocados a participar do drama, do acidente que envolve uma família toda etc. – e vão emergindo, através delas, sentidos que remetem às interações entre eles, como quando a mãe sente que o diálogo entre pai e filho é uma acusação à sua cegueira.

A interpretação do terapeuta, por sua vez, tem como coordenadas de sentido a relação transferencial: ele é a Maria, a um só tempo quem cuida da família e penetra "fluorescentemente" em seu interior, "enviando interpretações raio-destrutivas". Ao acompanhá-los ao local do acidente, força-os a ver a destruição.

Evidente que o modo como cada psicanalista irá mobilizar a transferência, que uso fará dela e de que forma a compreenderá dependem, entre outros fatores, de sua filiação e relação com as diferentes escolas psicanalíticas, que lançaram luz sobre diferentes aspectos do acontecer humano. Mas também aqui, no terreno da técnica da terapia familiar, há certos elementos comuns que caracterizam o trabalho como psicanalítico e que o diferenciam de outras técnicas de terapia familiar. São esses elementos que procuraremos apresentar a seguir.

3.1. Sobre a técnica da psicanálise de famílias

Talvez o fundamento central da técnica da terapia familiar psicanalítica é que a psicanálise da família é uma forma de psicanálise. Isso quer dizer que todas as recomendações feitas para o trabalho com o paciente individual valem também aqui, fundamentalmente porque se trata aqui também de utilizar o método psicanalítico em sua plenitude, levando em consideração, como sempre recomenda esse método, as especificidades do paciente, que, na verdade, em nosso caso, é um grupo – o grupo familiar. O terapeuta sustenta-se no método psicanalítico e este é o fio condutor de seu trabalho, ainda que, ao atender famílias, os desafios e as pressões para renunciar ao método sejam intensas e contínuas. Manter o método psicanalítico significa que o terapeuta está permanentemente numa relação interna tanto com a experiência que vive junto à família quanto com a teoria (ou teorias) psicanalítica da qual faz uso em seu trabalho clínico. A experiência – campo do acontecimento singular, que se renova dinamicamente durante todo o processo terapêutico – e a teoria – campo da elaboração do universal, que ata o trabalho de cada terapeuta a um conjunto de saberes instituídos por décadas de reflexão de um conjunto enorme de terapeutas – devem dialogar continuamente, sendo desse diálogo feita a elaboração pessoal do terapeuta sobre o que está ocorrendo na sessão. É a teoria (ou teorias) de que dispõe o terapeuta que fundamenta sua técnica, incluindo sua postura, sua escuta singular dentro do enquadre e cada uma de suas intervenções. Por teoria estamos compreendendo aqui os fundamentos centrais da abordagem psicanalítica partilhada pelo terapeuta, tanto em suas dimensões de entendimento do sujeito quanto da técnica psicanalítica. Mas não só: no caso do trabalho com famílias, incluímos as noções desenvolvidas no campo da psicanálise da família, que também abrange uma diversidade de abordagens; porém, queremos também ressaltar a presença determinante das teorias próprias do analista sobre uma diversidade de temas, incluindo aqui principalmente suas noções de ser humano e de família. Cada um de nós, terapeutas, carrega dentro de si conceitos e preconceitos sobre tudo, e as famílias, seus modos de ser e organizar-se, são campos férteis para que teorias conscientes e inconscientes, construídas desde a nossa infância e ao longo de nossa vida, compareçam em nosso modo de vê-las e compreendê-las. Grande parte de nós, por exemplo, partilha um modelo de família tido como ideal – o modelo burguês da família nuclear, composto de pai, mãe e filhos que vivem numa unidade doméstica independente, com provimentos próprios, tendo o homem, o pai, como provedor, a mãe como principal responsável pelo andamento do cotidiano doméstico etc. Mas o trabalho da demógrafa Elza Berquó que citamos, por exemplo, é definitivo no sentido de mostrar que a realidade das famílias em nosso país é outra: a diversidade dos arranjos familiares é muito maior do que o que cabe nesse modelo, que corresponde, já segundo o censo de 2006, a aproximadamente 49,6% dos lares brasileiros – menos do que a metade, portanto, dos arranjos existentes, que incluem um número enorme de famílias monoparentais, homoparentais, extensas etc. A beleza do trabalho psicanalítico com famílias é que ele não está preso – ou não deveria estar – a um único modelo de família, mas, pelo contrário, tem potencialidade para abrir-se ao trabalho de desvendamento de sentidos de toda relação humana, seja de que forma for que se organize. Para tanto, é necessário que o terapeuta de famílias possa entrar em contato com suas próprias teorias – de psicanálise, mas também de sociologia, antropologia, religião etc., ou, dito de outra forma, com suas ideologias conscientes e inconscientes. É por isso que o trabalho de análise pessoal do terapeuta é aqui tão importante quanto para o psicanalista que trabalha com pacientes individuais, compreendendo por análise pessoal tanto aquela que realiza junto a um outro analista, com quem pode experimentar suas formas de ser e relacionar-se[12], mas também o trabalho continuamente crítico de autoanálise, revendo suas "teorias" e concepções mais arraigadas, que têm potencial para contribuir para um processo de ampliação da consciência das pessoas com quem trabalha em terapia ou fazê-las sucumbir aos seus juízos de valor, expressos mais ou menos sub-repticiamente. Com isso queremos dizer que não há terapeuta sem teorias, mas há, sim, graus diversos de consciência, pelo terapeuta, de

12 Há quem sugira que o terapeuta de família deve submeter-se a um trabalho de terapia que envolva sua própria família, o que é uma ideia muito interessante, uma experiência muito valiosa de reflexão sobre os modos de interação em que está embrenhado em sua própria família. Mas essa proposta de formação é dificultada por envolver não apenas o terapeuta, mas seus familiares, e pode lhes soar um tanto estranho que busquem uma terapia porque um de seus membros quer tornar-se terapeuta de famílias. Talvez a proposta seja mais produtiva e ganhe mais sentido no momento em que puderem formular uma questão para si mesmos enquanto família, sobre sua vida em família. Em todo caso, fica registrada a ideia.

suas próprias teorias. Quando o terapeuta utiliza a técnica psicanalítica no trabalho com famílias sem a consciência de suas fundamentações teóricas, corre o risco de operar um simulacro, rigidamente submetido a regras que são mais impeditivas do que propiciadoras de sua atividade de pensamento. Manter o método psicanalítico significa, antes de mais nada, como dissemos, manter vivo esse diálogo permanente entre a experiência com as famílias em terapia e as teorias, diálogo que se dá no interior do terapeuta e com as famílias com que trabalha. Diálogo que é sempre uma inquietação, uma busca de desvendamento de sentidos, que move o terapeuta em sua reflexão pessoal, em seu diálogo com outros terapeutas em supervisão e em seu estudo contínuo da produção do campo. A partir dessa disposição interior de identificação com o método psicanalítico, tratamos agora de algumas das regras estabelecidas pelo conjunto das experiências que vieram a organizar o trabalho dos terapeutas de famílias:

- **O terapeuta respeita um enquadre estável e regular.** O enquadre inclui a periodicidade das sessões – a terapia familiar psicanalítica em geral ocorre uma vez por semana –, o tempo de cada sessão – alguns terapeutas costumam atender por uma hora, outros hora e meia –, o local em que a terapia é realizada, a disposição dos móveis, das cadeiras e do entorno do espaço de atendimento. Inclui também uma certa estabilidade e regularidade dos honorários e das datas de pagamento, do período de férias da terapia etc. Uma vez acordados e fixados, nas entrevistas preliminares, esses elementos passam a funcionar como partes do enquadre, como elementos estáveis, conhecidos de todos os que participam do processo, e as eventuais mudanças em qualquer um deles passam a ser consideradas como acontecimentos que demandam compreensão psicanalítica. Não se trata de não mudar nada, uma vez combinado. É evidente que tanto o terapeuta quanto as famílias podem ter motivos bem concretos e razoáveis para pedir mudanças de horário, para faltar a sessões, para mudar de consultório ou para rever honorários. O importante é que o terapeuta esteja atento aos impactos emocionais e à reverberação de sentidos que são mobilizados e que devem, na medida do possível, ser elaborados a partir do processo terapêutico em curso e no interior dele. Assim trabalhados, esses acontecimentos e suas repercussões no processo trarão informações valiosas sobre os modos de funcionamento da família, que por sua vez trazem ressonâncias da história familiar. Estamos sempre no terreno da transferência, o que significa compreender o que ocorre na relação entre a família e o terapeuta como reedições – o termo é de Freud –, seja do modo de funcionar psíquico da família, que se presentifica nessa relação, seja de eventos importantes da história dos relacionamentos e dos padrões familiares de interação. Cabe sempre lembrar que, fundamentalmente, o que deve ser estável e regular é a relação do terapeuta com o método psicanalítico, o que implica uma determinada forma de escuta, uma postura frente ao seu trabalho e uma dimensão ética. Em nosso entender, ética, no caso da terapia familiar, baseia-se no fato de que a família nos procura como terapeutas, em busca de cura para um certo sofrimento psíquico. Se podemos ou não vir a curá-lo, são outros quinhentos. Mas este é nosso objetivo, para isso somos pagos, e nisso devemos empenhar o melhor de nós como profissionais. Isso quer dizer que suspendemos outras possibilidades de relação: não somos amigos da família, nem conselheiros, nem juízes, nem professores etc., ainda que a família faça uma pressão danada para que ocupemos um ou vários desses lugares, tirando-nos do lugar de terapeutas. É que ela imagina que, sendo juízes, por exemplo, daríamos a sentença final que resolveria uma contenda impossível, ou que encurtaríamos o árduo processo de consciência do conflito com algum conselho de como resolvê-lo na prática. Quanto a isso, também seguimos a sapiência do velho Freud, que, em algum lugar, diz que, se conselho funcionasse, já teria sido aplicado, sem a necessidade da busca por uma terapia. Esta, sim, pode ser a única oportunidade para que a família entre em contato e se aperceba das raízes mais profundas de seus conflitos, o que pode – se acreditamos na eficácia do método – produzir mudanças duradouras. Se transformamos a terapia noutra coisa, por mais agradável que possa ser, perdemos e fazemos a família perder essa oportunidade. A conversa psicanalítica é diferente de todas as outras conversas.

- **O terapeuta trabalha exclusivamente com os fenômenos transferenciais**. Estamos aqui destacando o eixo central do trabalho do terapeuta, a que na verdade já fizemos referência. Esse destaque, no entanto, permite-nos mais uma vez enfatizar que, ao nosso ver, trabalhar com o método psicanalítico é focar permanentemente nos fenômenos transferenciais e seu correlato, a contratransferência. Para dizê-lo sucintamente, devemos lembrar sempre que tudo o que ocorre no processo de terapia familiar psicanalítica deve ser visto à luz da transferência entre família e terapeuta. Isso não quer dizer que a transferência explique tudo o que ocorre, o que seria uma loucura, uma espécie de prepotência abusiva do método. Quer dizer apenas que nós, terapeutas, estaremos atentos aos sentidos transferenciais dos fenômenos quando de sua imersão na experiência emocional vivida pelo grupo conosco. É a relação que se estabelece entre a família e nós nosso foco contínuo de atenção e é à luz desse foco que os fenômenos serão observados. Faz parte do modo como o terapeuta entra em contato com essa experiência sua contratransferência, ou seja, as emoções, pensamentos, fantasias, sonhos, toda a atividade psíquica nele estimulada a partir do contato com a família. O terapeuta vivencia os acontecimentos em seu mundo interior suscitados na relação com a família, busca reconhecê-los e pensar sobre eles. Nesse processo de elaboração psíquica, ele pode vir a transformar os dados "brutos" da experiência emocional imediata em palavras que podem significar o vivido e ser transmitidas para a família. Este é também o trabalho de interpretação.

- **O terapeuta faz apenas interpretações verbais.** Isso quer dizer que ele deve restringir-se a interpretar verbalmente a experiência vivida com a família na transferência. Não faz uso, portanto, de linguagens não verbais, como gestos, ações ou outras manifestações sentimentais, ainda que sua comunicação, como toda comunicação humana, contenha sempre elementos não verbais associados, como expressões faciais, tons emocionais, gestos etc., que serão captados e interpretados pelos membros da família, de forma mais ou menos consciente. O que estamos querendo dizer é que, embora seja importante que o terapeuta tenha consciência dos diferentes níveis de linguagem em ação o tempo todo, seu esforço será o de pôr em palavras os sentidos do que está sendo vivido, transformá-lo em linguagem verbal possível de ser compartilhada e pensada por todos. Betty Joseph dizia em supervisão que 90% do trabalho do psicanalista é ficar sentado na cadeira, uma imagem que traz consigo essa suspensão de toda atividade que dificulte que o trabalho de pensamento e interpretação possa ocorrer. Parece fácil ficar sentado, mas é muito difícil: a família provoca-nos continuamente a "sair da cadeira" – a reagirmos de forma passional, com pena, irritação, seduzidos etc., ou a fazermos concessões sem compreendermos bem o que estamos fazendo, a emitir opiniões, juízos que, embora verbais, não são interpretações etc. Tudo isso é "sair da cadeira", é deixar de trabalhar interpretativamente em direção à compreensão íntima do funcionamento familiar. A palavra do terapeuta é seu único meio de troca com a família.

As regras sobre as quais discorremos até aqui são aquelas que a terapia familiar psicanalítica tem em comum com o trabalho da psicanálise individual. Vamos agora considerar alguns elementos específicos da técnica de trabalho com famílias. Nesse caso, estamos trabalhando com um grupo de pessoas, e a prática coloca-nos diante do fato de que esse grupo pode vir completo ou em partes, ou que pode eventualmente comparecer apenas um de seus membros. Esta é uma das questões colocadas para todo terapeuta de família, e os diversos autores encontraram diferentes respostas para ela. Quando um membro da família faz o primeiro contato conosco em busca de atendimento e propomos marcar uma primeira entrevista com todo o grupo, é comum que nos pergunte quem deve vir. Como nesse momento não os conhecemos e como o que nos interessa é a família tal como experimentada por eles, creio que devemos deixar ao encargo deles mesmos decidir quem deve vir. Eu costumo dizer: "Venha quem vocês consideram que é parte da família." É parte já do funcionamento familiar a forma como se organizam para vir. Quem vem e quem não vem? É possível que, para algumas famílias, a presença de avós ou tios ou de empregados da casa no processo terapêutico deva ser considerada. Na psicanálise da família, como em toda psicanálise, estamos sempre lidando com casos singulares, únicos, que devem ser considerados em sua especificidade. Por isso, quanto a presenças e ausências, não pode haver regras *a priori*. E é a partir do conhecimento que vamos construindo com a família nos primeiros encontros que podemos delinear a composição, a estrutura e o funcionamento do grupo, de forma a, eventualmente, até mesmo vir a convidar um membro que inicialmente não comparecera. O que estamos querendo dizer é que a forma como a família comparece, as presenças e ausências, já são parte do campo a ser observado e compreendido. E não só no início, mas a cada sessão, as presenças e ausências exprimem sentidos importantes da experiência vivida pela família no processo terapêutico. Por isso, são fenômenos privilegiados de nossa investigação e interpretação. É possível que a ausência de um membro seja indicativa da falta de espaço que o grupo esteja propiciando para ele. Pode acontecer, por exemplo, que um certo conluio entre uma mãe e um filho não abra espaço para a presença do pai, que por sua vez não dispõe de recursos pessoais para intervir nessa relação a dois. Será então o trabalho contínuo, na terapia, sobre essa configuração familiar que poderá, eventualmente, abrir espaço para a presença do pai, o que poderá se traduzir em sua participação na terapia.

Creio que nenhum terapeuta atende à família quando apenas um membro comparece. Se nos interessa acompanhar os intercâmbios familiares e sua dinâmica durante o processo terapêutico, tal como se atualizam na sessão, a presença de apenas um torna para nós inacessível qualquer que seja o vínculo no interior da família. Eu, tal como outros terapeutas, atendo quando há pelo menos dois membros presentes. Aí já há um vínculo familiar presente. Mas há terapeutas que estabelecem como critério para que a sessão possa ocorrer que a maior parte da família esteja presente, isto é, pelo menos metade mais um. Confesso que não sei dos motivos disso, se se trata de um critério arbitrariamente estabelecido ou não. O importante é ver que cada terapeuta, a partir de sua prática, vai construindo suas regras, que lhe permitem exercer seu trabalho psicanalítico de um modo que lhe faz mais sentido. Sejam quais forem os critérios, todos concordam sobre a importância de compreender a forma como a família comparece a cada encontro, incluindo, como dissemos, as presenças, ausências, atrasos etc., como comunicações centrais sobre o estado da dinâmica familiar a cada momento.

Outro elemento importante e, na verdade, muito interessante a ser considerado é a forma como a família se organiza dentro da sala de atendimento. Em princípio, colocamos em círculo um número de cadeiras compatível com o número de pessoas que acreditamos que fazem parte do grupo – isso desde a primeira entrevista, quando temos uma noção ainda aproximada, a partir da conversa telefônica, sobre o número de membros da família. Alguns terapeutas de família organizam esse círculo incluindo sua poltrona de trabalho, outros se sentam em cadeiras iguais às do grupo. A família entra na sala e se organiza para sentar-se. Quem se senta perto de quem? Cadeiras são deixadas vazias? Quais? Ao lado de quem? Evidentemente, não se trata de ficar obsessivamente atento à disposição dos lugares de cada um, mas de levar em consideração a forma como isso captura nossa atenção. Os lugares são trocados entre as sessões? Há uma circulação, ou não? Se há crianças, como e onde se sentam?

Tratando das presenças e ausências e da forma como se organizam na sala de atendimento, estamos considerando a importância de o terapeuta estar atento não apenas ao que é dito na sessão, mas toda a conduta dos membros da família durante o processo. Dados importantes da dinâmica familiar inconsciente são comunicados através de comportamentos e gestos, em linguagens não verbais. Potencialmente, tudo o que a família faz, tudo o que acontece na sessão, são formas de comunicar estados emocionais, fantasias, crenças etc., que devem ser acolhidas pelo terapeuta, como matéria de sua reflexão e elaboração, para se transformarem em interpretações que deem sentido ao que antes era puro gesto.

Mencionei de passagem as crianças, mas é preciso uma reflexão particular sobre a técnica do trabalho com famílias quando crianças participam dele. Não podemos forçar crianças pequenas a sentar-se, comportar-se e falar como adultos. Por isso, é preciso oferecer a elas meios propícios para participar e poder expressar-se durante as sessões. Cadeiras e mesa de tamanho apropriado para elas e, tal como na ludoterapia, a oferta de brinquedos e material gráfico, permitem às crianças participar da conversa em condições que atendem melhor as suas necessidades. Quem tem a experiência de trabalho com crianças em atendimento familiar sabe da riqueza que o material produzido por elas oferece para a compreensão do que está ocorrendo tanto na dinâmica familiar quanto na transferência com o terapeuta. Através do brincar e dos desenhos, vemos que as crianças acompanham o que está sendo dito pelos adultos e podem contribuir com uma versão não apenas pessoal sobre o tema, mas que muitas vezes aporta elementos não ditos importantes que contribuem para o esclarecimento. Por isso, na medida do possível, o terapeuta deve integrar o material da criança ao diálogo mais amplo que está ocorrendo na sessão, "pô-lo na roda" e permitir a todos o contato com esse material e a reflexão sobre o que ele comunica. A experiência de trabalho com famílias com filhos adolescentes também tem nos levado a utilizar, nesses casos, materiais gráficos nas sessões. Todos – inclusive os adultos – podem recorrer em certos momentos à linguagem gráfica para expressar o que muitas vezes as palavras resistem em dizer.

Caberá ao terapeuta, sendo ajudado ou não pela família, traduzir as linguagens não verbais em palavras que possam ser compartilhadas por todos.

Com o dito até aqui, dá para ver o quão complexo é o campo de observação de uma sessão de terapia familiar. Por isso, sempre que possível, é muito interessante atender famílias em coterapia. Grande parte das vezes isso se inviabiliza na clínica particular, fundamentalmente porque encarece o preço da sessão, já que é preciso pagar a hora de dois terapeutas. Mas nas instituições que oferecem atendimento em saúde mental, em especial naquelas que contam com equipes de bom número de profissionais, esse trabalho é feito em dupla, com impactos muito interessantes no trabalho.

Feito um certo percurso que acreditamos ser comum às diferentes linhas psicanalíticas de terapia familiar, procuraremos apresentar as especificidades que duas delas – a psicanálise kleiniana e a psicanálise vincular – imprimiram a este trabalho, ou seja, de que forma o diálogo das famílias com cada uma delas foi compreendido e tratado.

3.2. A psicanálise kleiniana da família

Os trabalhos psicanalíticos com famílias de orientação kleiniana têm sua origem e fundamentação, por um lado, em todo o conjunto teórico e técnico desenvolvido principalmente a partir dos trabalhos de Melanie Klein e Bion no campo da psicanálise individual e, por outro, nas contribuições dos estudos de grupos realizados tanto dentro da abordagem sistêmica, que foram integrados pelos psicanalistas kleinianos na compreensão do funcionamento familiar, como no interior da própria abordagem kleiniana de grupos terapêuticos e instituições, desenvolvida principalmente por analistas da Clínica Tavistock, em Londres, desde meados do século XX. De Melanie Klein e Bion, a terapia familiar de orientação kleiniana incorporou suas concepções teóricas e técnicas mais centrais: a noção de que todo ser humano é habitado por um mundo interno composto por objetos e relações entre esses objetos, sendo o funcionamento psíquico expressão dos processos dinâmicos continuamente em operação nessas relações. O termo *objeto* designa aqui uma pessoa, ou parte dela, com quem o sujeito, o ego, está em relação. Em sua forma e conteúdo, o objeto é um composto de elementos advindos da experiência emocional vivida com essa pessoa, ou com partes dela. A existência mesma do objeto interno se origina a partir dessa experiência, da qual participam tanto as características próprias do objeto externo (a pessoa ou parte dela com quem o sujeito se relaciona) quanto os modos pelos quais o sujeito o percebe. A teoria kleiniana não abre mão da ideia de que o objeto externo tem uma existência independente de quem o vê, mas também tem seu núcleo forte na ideia de que ele é percebido, transformado, deformado pelas experiências emocionais vividas na relação com ele. O amor ou o ódio com que vemos os outros são poderosos para fazer com que os percebamos de forma mais amorosa, mais compreensiva, mais tolerante, mais benevolente, mais bela, ou mais odienta, mais intolerante, mais malévola ou mais feia. Nos nossos modos de ver, toda a nossa afetividade, que também é nossa sexualidade, faz presença. Está em como vemos e tratamos nosso corpo e o corpo do outro, e também como falamos e escutamos tonalidades de voz, a proximidade ou distância que estabelecemos etc. Os exemplos seriam tão infinitos quanto as experiências humanas de todos os momentos, mas vale lembrar como figurações do ser humano, tal como percebido nesse amálgama de ser independente e ser para nós – ser exterior e interior – os quadros de pintores como Francis Bacon, com seus corpos e rostos terrivelmente expressivos em suas distorções, ou mesmo o dito tão popular segundo o qual o amor é cego – vê, portanto, só o que é amável e não enxerga defeitos.

Dentro dessa concepção, o ser humano é o tempo todo, desde o nascimento ou até antes disso, ser de relação: ele tem seu lugar, sua identidade e os sentidos de seus pensamentos e gestos dados pelas relações que estabelece com outros seres humanos[13]. As relações se dão continuamente no mundo externo, com outras pessoas, e no mundo interno – na fantasia, na imaginação, no devaneio, na reflexão, no sonho –, sendo mundo externo e mundo interno interpenetrados de tal modo que é muito difícil, senão impossível, separar um do outro. Vemos os outros como seres reais independentes de nós, mas eles são, o mais das vezes, amálgamas de elementos advindos tanto da realidade deles como do modo como os percebemos. Ao processo pelo qual colocamos no outro nossos próprios afetos, pensamentos, modos de ser, e o vemos a partir dos elementos

13 A teoria kleiniana das relações objetais ganha sua versão mais definitiva em fins dos anos 1940, mesma época em que se fazem as primeiras intervenções com famílias em terapia. Ela nasce, portanto, no mesmo contexto ideológico, dentro do amplo campo dos estudos psicológicos, segundo o qual o ser humano não pode mais ser pensado isoladamente, devendo ser compreendido a partir de suas relações com os seres e as coisas.

que nele introduzimos, fundidos em suas características próprias, Melanie Klein chamou de identificação projetiva. Projetamos partes nossas no outro, que fica identificado com essas partes nossas. Dessa forma, espalhamo-nos no mundo: sem o saber, há um pouco de nós em cada coisa que vemos ou tocamos. E incorporamos, introjetamos os objetos do mundo carregados com o que neles projetamos – o que Melanie Klein chamou de identificação introjetiva. Ela descreveu em detalhes as vicissitudes desses intercâmbios – as projeções maciças que nos impedem de conhecer a realidade independente do objeto, a falta de colorido do mundo quando nos retiramos dele, as dificuldades de introjetar os objetos e enriquecer-nos com eles etc. O bebê – os kleinianos são especialistas, desde Melanie Klein, em falar das relações humanas em termos da relação mãe-bebê, esta gênese de todas as relações – desde o início da vida projeta vivências boas e ruins, de prazer e desprazer, nos objetos à sua volta – particularmente nas partes com que vai ganhando intimidade no corpo da mãe –, e os vê coloridos pelos afetos que neles projetou. Assim ele vai constituindo e organizando seu mundo interno/externo: objetos bons e maus, dos quais busca aproximar-se ou afastar-se. Às primeiras configurações psíquicas, marcadas por uma divisão mais estanque e maniqueísta dos sentimentos e objetos, Melanie Klein chamou de posição esquizoparanoide (*esquizo* quer dizer divisão e *paranoide* faz referência à qualidade dos objetos maus que, sendo maus, são ameaçadores e persecutórios). Mas também o bebê é objeto das projeções de outros à sua volta, com as quais e pelas quais é identificado: as fantasias conscientes e inconscientes dos pais, irmãos, avós, as expectativas nele projetadas, participam na construção de quem é o bebê, em seus aspectos mais externos e mais internos. Em portas de quartos de maternidades é possível ver o nome do bebê escrito ao lado da camisa do time de futebol para o qual se espera que ele torça, ou até mesmo seu mapa astral já desenhado. É seu modo de ser, já escrito. O trabalho psíquico de desenvolvimento de cada um envolve o trato com todas essas projeções, dentro do espaço que temos para distanciar-nos delas ou a elas aderirmos, obrigatoriamente. Luiz Meyer, no livro *Família: dinâmica e terapia*[14], fala de uma agenda secreta com a qual todo bebê nasce, feita dos textos não escritos das fantasias, expectativas e sonhos de seus familiares. A vida são deveres, que nós trouxemos para fazer em casa, diz poeticamente sobre isso Mário Quintana. Fica a questão, para cada um de nós, do quanto estamos destinados a cumprir esses deveres, tal qual Édipo, que não pode escapar do destino designado pelos deuses, da agenda secreta que lhe coube e que cumpre sem o saber, ou se temos algum espaço para tornarmo-nos sujeitos de nossas vidas, reconhecendo ao mesmo tempo a independência do outro e nossa dependência em relação a ele. Creio que essa questão norteia todas as abordagens no campo da terapia familiar, encontrando em cada uma delas diferentes modos de pensá-la. É a questão colocada, por exemplo, quando Lyman Wynne fala de relações de mutualidade[15], aquelas nas quais há espaço para o reconhecimento e a valorização das diferenças identitárias,

---

14 MEYER, L. *Família*: dinâmica e terapia. 2. ed. São Paulo: Casa do Psicólogo, 2002.

15 WYNNE, L. *et al.* Pseudo-mutualidad en las relaciones familiares de los esquizofrénicos. *In*: BATESON, G. (org.). *Interacción familiar*. Buenos Aires: Tiempo Contemporáneo, 1974.

em oposição à pseudomutualidade, essa espécie de acordo mútuo em família, alcançado às expensas da individuação e do reconhecimento das diferenças. Todo trabalho com famílias se dá na tensão entre o grupal e o individual, entre as demandas de um e do outro, lidando com as imperiosas forças que pressionam num ou noutro sentido.

Mas caminhemos um pouco mais dentro da abordagem kleiniana, principalmente para agora enfatizar que o outro não é apenas objeto de nossas projeções, nem somos apenas objetos das projeções do outro. Aquele em que projetamos partes de nosso psiquismo pode dar destinos muito diversos àquilo que projetamos. Esta foi uma contribuição central de Bion, discípulo de Melanie Klein que, após a Segunda Guerra Mundial, desenvolveu concepções importantes sobre o funcionamento grupal que foram aplicadas tanto às terapias de grupo quanto às análises institucionais. Talvez tenham sido a experiência e o interesse por grupos que possibilitaram a Bion conhecer mais a fundo dinâmicas psíquicas intersubjetivas. Se Melanie Klein descreveu, a partir das suas observações de crianças e adultos em análise, o mundo interno, a dinâmica intensa que constitui a vida intrapsíquica, Bion privilegiou a observação do psiquismo na relação com outro psiquismo e, para descrever as vicissitudes dessa relação, também utilizou como modelo a díade mãe-bebê. É a mãe – ou quem quer que desempenhe a função dos cuidados com o bebê – que, diante das manifestações dele – de início corporais, não verbais, mas já plenamente expressivas de vivências afetivas e de estados internos como fome, sono, frio, calor, ansiedade etc. –, pode atribuir sentidos que sejam compreensivos em relação ao que está se passando, o que faz com seus afetos, seu pensamento e sua linguagem, a partir de seu acervo de experiências e conhecimentos – com seu psiquismo. O modo como a mãe interpreta o que se passa com seu bebê dependerá de seu estado emocional, de sua história de vida, da cultura de que faz parte, do conhecimento a que tem acesso etc. A partir de todo esse universo simbólico que a constitui, ela nomeia os estados emocionais do bebê e, ao fazê-lo, transforma-os. Transforma-os em pelo menos dois sentidos: porque, ao capturar ou propor um sentido para o que o bebê vive, pode modificar as condições dessa vivência, seja alimentando-o, agasalhando-o ou ajudando a que se tranquilize ou durma, mas também porque, ao fazê-lo, transforma o que eram puras experiências emocionais, corporais, sem nome, em experiências que podem ser nomeadas e compartilhadas através da linguagem. Ao nomear, a mãe a um só tempo dá sentido às vivências do bebê e o insere numa língua, num universo cultural de significações. Mas, para que esse processo de interação entre mãe e bebê possa ocorrer, é preciso que a mãe tenha a capacidade de, primeiro, identificar-se com ele, sonhar, por assim dizer, o que se passa com seu filho, e fazer uso dos elementos que são projetados pelo bebê, de sua expressividade, para pensar sobre eles e nomeá-los. É através desse processo, que não se dá apenas com a mãe, mas nas trocas todas ao longo de seu desenvolvimento, que a criança adentra um mundo que é humano, permeado pela linguagem que compartilha com os outros. A partir dessa interação contínua entre o bebê e a mãe e também com seus outros significativos, ele poderá vir a reconhecer seus diferentes estados internos, nomeá-los, e empatizar, identificar-se ele também com os outros, podendo vir a compreender e nomear o que se passa com eles. O mundo agora é um mundo intersubjetivo. A criança assume o mundo que compartilha com sua família, contribuindo nele com suas próprias percepções e pensamentos. É dessa forma que o ser humano é introduzido e introduz-se numa família, tornando-se membro dela. Apropria-se desse mundo e, no mesmo processo, encontra aí sua localização[16].

---

16 Já Freud, a partir dos desdobramentos de sua teoria da sexualidade infantil, apontava para o fato de que as crianças constroem imagens dos pais, da família, a partir de suas próprias teorias sexuais, que seriam por sua vez expressão dos conflitos entre suas pulsões e as forças repressivas. Em um artigo de 1909, *Romances familiares,* ele descreve o processo por meio do qual as imagens dos pais se transformam em consonância com as mudanças evolutivas da criança. Fontes de satisfação e de frustração, os pais são investidos da gama maior de afetos e fantasias e estão no centro da vida mental infantil. Em seu processo contínuo de transformação, a atividade imaginativa da criança em torno da família constitui, a um só tempo, formas de realização de desejos e de retificação da vida real. Essa atividade imaginativa, de acordo com a teoria da sexualidade infantil, tem um objetivo erótico. Os interesses infantis determinam o curso do romance familiar de cada um, cuja multiplicidade e amplitude de formas permite à criança satisfazer uma série de desejos e conflitos. "Assim, por exemplo, o jovem construtor de fantasias pode eliminar o grau proibitório de parentesco que o une a uma irmã por quem se sente sexualmente atraído" (FREUD, 1909b, p. 246). A sexualidade infantil batalha contra a percepção da realidade da família, a favor da manutenção de uma vivência interna na qual encontra plena satisfação. No entanto, na constituição das teorias infantis, a família não participa apenas como elemento à disposição da inventividade da criança. Trata-se de um processo complexo, no qual a família apresenta-se enquanto conjunto de significações previamente estabelecidas a serem incorporadas e utilizadas posteriormente pela criança.

A teoria kleiniana das relações de objeto, da qual foram expostos aqui breves traços, tem sido utilizada de forma profícua no estudo de grupos e instituições, tomando como modelo uma série de elementos observados no funcionamento individual. Retomando o que dissemos, o que permite fazer essa transposição do individual – e, particularmente, do psiquismo do bebê – para o estudo dos grupos é a ideia de que, em ambos os casos, trata-se de operações psíquicas que pretendem dar conta de um certo tipo de regulação emocional, com o fim de permitir um certo equilíbrio homeostático do organismo, quer seja este um bebê ou um grupo. O equilíbrio grupal se faz em arranjos específicos e privilegiados dos objetos e das relações objetais no interior do grupo, arranjo o mais das vezes defensivo em relação às ansiedades que os membros do grupo vivenciam. Desse ponto de vista é que a observação da vida emocional do grupo pôde ser compreendida em termos dos mecanismos que encontra o bebê para lidar com suas ansiedades iniciais, mecanismos encontrados também, de forma cristalizada, no funcionamento psicótico. A psicose pode servir de modelo para compreender o grupo, porque nela se trata de partes que, ao mesmo tempo que estão cindidas, fragmentadas, têm que se haver umas com as outras. O mesmo ocorre no grupo, cujos elementos, ao mesmo tempo que funcionam como unidades, têm que se haver com sua pertinência a um conjunto.

O psicanalista inglês Elliot Jacques fundou as bases para as pesquisas de campo em instituições sociais que têm a psicanálise kleiniana como referencial de compreensão e instrumento de intervenção. Em seu artigo "Sistemas sociais como defesa contra ansiedade persecutória e depressiva"[17], ele aponta para correspondências entre fenômenos sociais e processos psicóticos. Em termos emocionais, as instituições teriam como função primordial a defesa contra ansiedades psicóticas. O grupo organiza-se no sentido de reforçar coletivamente as defesas individuais de seus membros, e seria essa função desempenhada pela instituição fundamental para o atrelamento dos indivíduos a ela. Os indivíduos externalizam impulsos e objetos internos que os ameaçam e podem gerar ansiedades intoleráveis, compartilhando com outros, no interior da instituição, seus modos de lidar com esses objetos e impulsos. Os processos grupais são associados, assim, às mais primitivas formas de comportamento, e compreendem mecanismos que se encontram, também, nos primeiros modos de constituição e organização do mundo interno da criança. Por meio desses mecanismos, os objetos e impulsos bons são separados e preservados do contato com os maus, e o grupo encarrega-se de localizar e fixar em diferentes entidades ou pessoas o que lhe é agradável e desagradável. Em vez do árduo trabalho interno e individual de elaboração de conflitos entre boas e más partes de cada um, o grupo ajuda seus integrantes a se livrarem de seus próprios incômodos. O objetivo fundamental desses mecanismos é a garantia – ou a esperança –, nos termos da fantasia, de que os objetos e impulsos maus não retornarão. O resultado desse esforço, dependendo do grau de cisões e projeções efetuadas, pode significar a cristalização de certas estruturas defensivas e a perda da mobilidade de

17 JACQUES, E. (1955) Sistemas sociais como defesa contra a ansiedade persecutória e depressiva. *In*: KLEIN, M. *et al*. *Novas tendências em psicanálise*. Rio de Janeiro: Zahar, 1981.

seus membros, na defesa contra conflitos que poderiam advir do contato com a ambivalência e a contradição.

Os estudos psicanalíticos realizados com famílias dentro do referencial kleiniano, tendo como matriz central as vicissitudes das relações intersubjetivas, privilegiaram a observação de como os grupos familiares podem oferecer continência, ou não, aos diversos estados emocionais de seus membros, e de como permitem intercâmbios retificadores ou, em vez disso, perpetuam certos arranjos psíquicos que são impossibilitadores de percepções mais diversificadas da realidade. Na família, tudo isso se dá de forma intensa e contínua, dada a proximidade e permanência dos laços que a mantêm. É por isso que a dinâmica dos intercâmbios familiares representa um caso particular de manifestação das relações de objetos dentro de um grupo. Do ponto de vista psicanalítico, uma das funções fundamentais da família é a de ser espaço para a contenção das ansiedades de seus membros. Cada um deles é alvo de projeções, fantasias e expectativas intensas dos outros, e será decisivo para o desenvolvimento de todos o destino que darão a essas projeções. Poderão recebê-las, identificá-las, nomeá-las e pensar sobre elas, ou as recusarão, devolvendo-as de forma mais ou menos violenta àquele que as emitiu, deixando-o sozinho com elas? Bion nomeou de forma mais clara o papel do outro na recepção e contenção de nossas ansiedades e, dependendo dessa contenção, o destino delas, seja no sentido de uma transformação que permita sua elaboração e reflexão, seja de sua intensificação, por não encontrar no outro um continente capaz de recebê-las e pensar sobre elas, de “digeri-las”. Dessa forma, se dá continuamente no interior da família um verdadeiro processo de aprendizagem de discriminação de estados internos e de busca de respostas possíveis para eles, para sua eventual modificação. No caso da relação entre o bebê e a mãe, a comunicação daquele pode ser exitosa no sentido de mobilizar a mãe, que compreende suas necessidades e as satisfaz adequadamente. Mas ocorrem outras situações em que as coisas não se dão assim: o bebê tenta comunicar como pode seus estados internos, suas ansiedades, e desperta na mãe pura ansiedade. A mãe não consegue pensar, fica também aterrorizada e, segundo Bion, devolve à criança sua própria ansiedade agora intensificada pela ansiedade da mãe que, ao fazê-lo, comunica ao bebê que sua ansiedade é insuportável, é impossível de ser pensada, é um "terror sem nome". Segundo Bion, relações mãe-bebê que se caracterizam por trocas desse tipo estariam na base de certos funcionamentos psicóticos.

Trocas assim, sejam elas transformadoras, possibilitadoras de pensamento, sejam elas produtoras de mais terror e de impossibilidade de pensar, dão-se continuamente nos intercâmbios familiares. Cada um dos membros é alvo de projeções dos outros membros e pode retificar certas fantasias ou ratificá-las, ao promover um confronto entre as fantasias projetadas e a realidade que é propiciador de desenvolvimento ou, ao contrário, cristaliza certos modos de ver que servem mais a propósitos defensivos frente às ansiedades do que a uma ampliação da consciência dos implicados sobre seu modo de pensar. Da maneira como se distribuem na família as projeções de cada um dos membros, podemos depreender a maneira como o grupo organiza-se no sentido de conter suas ansiedades, pensar sobre elas, ou, ao contrário, promover a formação de arranjos defensivos no sentido de evitar o contato com o sofrimento, que tende a ficar cristalizado num dos membros, continente fixo para a dor.

Gostaria de trazer um exemplo do que estou dizendo, retirado de minha dissertação de mestrado, *A família da fantasia, a fantasia da família: a produção da criança como expressão da fantasia familiar*[18]. Nesse trabalho, estudei algumas famílias que tinham em comum o fato de terem sofrido a perda de algum de seus membros, por morte ou separação. Eu visava então examinar de que maneira a família organizava-se para lidar com o sofrimento decorrente dessa perda: se podiam realizar um luto através do qual a perda fosse aceita, elaborada e o ente perdido se transformasse num objeto interiorizado por todos, ou se, ao contrário, o esforço do grupo familiar teria sido no sentido de negar a dor da perda, providenciando algum arranjo defensivo inconsciente para tanto, arranjo no qual os familiares ficariam comprometidos, impossibilitados de um trabalho de elaboração que promovesse algum desenvolvimento e mudança. Uma das famílias, composta de mãe e quatro filhos homens, meninos na época do atendimento que realizei em um centro de saúde, tinha perdido o pai através de um processo violento de separação. O casal sempre vivera em brigas violentas, segundo a mãe devido a comportamentos do pai ligados ao consumo de drogas. Houve muitas idas e vindas, tomadas de agressões verbais e físicas. Após a separação, a mãe, assoberbada, traz ao

---

18 MANDELBAUM, B. *A família da fantasia, a fantasia da família*: a produção da criança como expressão da fantasia familiar. 1990. Dissertação (Mestrado em Psicologia) – Instituto de Psicologia, Universidade de São Paulo, São Paulo, 1990.

programa de saúde mental os quatro filhos. Os dois mais velhos, de aproximadamente 14 e 12 anos, porque brigavam de forma violenta entre si. Os menores, de 6 e 2 anos, porque eram violentos com a mãe e com os objetos da casa, jogando comida e bebida nas paredes, quebrando coisas etc. A mãe sentia-se impossibilitada de conter e transformar toda essa violência. Ao atendê-los em algumas sessões em família, fomos aos poucos construindo a hipótese de que, através da violência dos filhos, de algum modo a presença do pai se preservava em casa. Toda a atmosfera afetiva, feita de terror e dor, continuava tal qual era na época da convivência com ele. Num certo sentido, nada mudara após sua saída, e não havia, portanto, dor pela separação, ou pela perda, apenas hostilidade e ressentimento em relação a ele. No decorrer do trabalho com o grupo familiar, quando puderam refletir sobre a violência que circulava por toda a família, a mãe foi trazendo aspectos positivos do pai: ele era músico, tal como ela, e "a música os unia". Enunciado o amor, enunciou-se também a dor pela separação e pela falta.

Creio que o exemplo é interessante porque permite também caracterizar um aspecto central das concepções psicanalíticas sobre a família. É que, se do ponto de vista manifesto, podemos descrever uma organização familiar a partir dos papéis desempenhados por cada um dos membros e das relações entre esses papéis, como o fazem, por exemplo, estudos sociológicos que descrevem os arranjos familiares a partir de suas composições, papéis, relações de hierarquia, funções determinadas socialmente etc., do ponto de vista das relações interpsíquicas, aquelas que a observação psicanalítica busca alcançar, descrever e significar, os lugares e papéis no interior da família podem ser subvertidos, controversos em relação ao manifesto, e serem outras as formas de relação predominantes. Assim, fica aberto à observação profunda quem, na família, desempenha a função materna ou paterna, se essas funções são intercambiáveis, como se dão as relações de dependência – se dos filhos em relação aos pais ou, ao contrário, dos pais em relação aos filhos – etc. Pode haver pai presente fisicamente, mas não emocionalmente. Podemos estar em presença de um pai ausente, ou impossibilitado de exercer a função paterna. A psicanálise agrega aos estudos sociológicos uma teoria do sujeito que desvenda aspectos da intimidade familiar, subvertendo, como dissemos, as aparências da organização da família. Creio que a teoria psicanalítica, nesse sentido, contribuiu para que concepções estabelecidas sobre o sujeito, a família e as instituições sociais fossem ampliadas, ao revelar aspectos da realidade psíquica que são diversos do imediato das aparências. Dessa forma, a psicanálise teve um impacto transformador na cultura de modo geral, contribuindo para pôr em crise nossas instituições e nossos valores mais arraigados, e no centro deles as concepções ideologicamente predominantes sobre família e vida familiar.

Podemos explorar ainda mais nosso exemplo. É que, na análise que aqui relatamos brevemente, está contida a noção de uma fantasia inconsciente compartilhada por todos os membros da família. Por fantasia, nesse contexto, compreendemos uma produção ideativa modelada a partir das trocas afetivas realizadas no interior da família, produção esta no mais das vezes não consciente para os sujeitos envolvidos. No arranjo que criam no sentido de evitar a dor pela separação, todos estão, sem o saber, comprometidos de alguma forma que os enlaça e confere a cada um deles um lugar determinado. Esse arranjo não pode ser pensado, mas atua conferindo ao grupo certas formas singulares de relação e experiência que se repetem no decorrer do tempo, através dos diferentes momentos pelos quais passa a família.

O modelo proposto por Bion para pensar as relações interpessoais, que tem em seu núcleo a ideia de continência, isto é, a capacidade de aceitar os sentimentos do outro, proporcionando dessa forma alívio e apoio, e de usar essa experiência para ajudar o outro a compreender com mais precisão o que está sentindo, está também no cerne da terapia psicanalítica de orientação kleiniana com famílias. O terapeuta, desde o início do processo, é arrastado para dentro do campo de trocas emocionais em operação na família, para cumprir papéis determinados, no mais das vezes inconscientemente, nesse intercâmbio. Incluído no sistema familiar, que tem regras, crenças e costumes próprios, ele é convocado a experimentar certas emoções – principalmente aquelas mais difíceis de suportar –, que exercem sobre ele um impacto e uma pressão da qual não pode escapar, ou seja, ele não pode escapar, uma vez em contato com a família, de tudo o que faz parte do que, desde Freud, conhecemos como contratransferência. É seu contato com essas emoções, o reconhecimento delas e seu trabalho interno de pensar sobre elas que operará uma transformação do dado emocional bruto, sem figura nem nome, em uma figura ou pensamento que possa conferir sentido ao que foi nele projetado. É o fruto dessa transformação que ele poderá comunicar à família por meio de interpretações, de modo que os diferentes membros possam recuperar a experiência emocional vivida na relação com o terapeuta, agora transformada em linguagem possível de ser compartilhada e pensada. Isso significa, como dissemos, que os mesmos processos de continência pelos quais Bion pensou os intercâmbios emocionais intersubjetivos serão aqueles utilizados para compreender o trabalho do terapeuta. Tal como a mãe, a função que o terapeuta utiliza para compreender a experiência que está vivendo junto à família é a de *reverie* – o termo é de Bion –, ou seja, sua capacidade de transformar em sonho – portanto, em imagem e palavra – os dados brutos das emoções. É evidente que, como parte do campo, a fala do terapeuta, bem como toda a sua presença, seu modo de olhar, escutar, vestir-se, conduzir-se em sua clínica, produzirão um forte impacto na família, que reagirá segundo seus padrões de funcionamento próprios. O terapeuta observa, escuta, pensa a partir de sua contratransferência, num processo contínuo de trocas que constituem o próprio processo terapêutico. Tende a ser através da percepção do terapeuta de como a família o está experimentando, assim como o que ele próprio está sendo levado a sentir, e da habilidade dele de interpretar isso, que se obtém o *insight* da dinâmica psíquica em operação na família. Porque é através da consciência das formas pelas quais a família está se relacionando com o terapeuta que se torna possível desvendar o significado subjacente dos discursos e comportamentos manifestos.

Quando dizemos que o terapeuta abriga determinadas partes da família com a função de compreendê-las e elaborá-las, estamos pressupondo uma certa circulação dos afetos que inclui o terapeuta em seu circuito. No interior da família, não apenas afetos, mas aspectos da personalidade difíceis de conter por cada um dos membros circulam com maior ou menor liberdade, alocando-se a cada vez em diferentes membros. Em grande parte das famílias, no entanto, essa circulação é unidirecional e rígida. Isso quer dizer que a família tende a localizar certos aspectos em membros determinados que, por sua forma de ser, pela estrutura de sua personalidade, mostram-se bons continentes para esses aspectos projetados. Ocorrem na família fenômenos de complementaridade entre cada um dos membros e os outros, uma espécie de casamento entre as necessidades pessoais e as do grupo. As famílias costumam ter o filho brilhante e o ovelha negra, o bonito e o feio, o bem-sucedido e o fracassado. O que a compreensão da dinâmica familiar permite mostrar é que essas características não são apenas intrapsíquicas, não dizem respeito apenas ao funcionamento individual. Como já pudemos assinalar ao falar da família como sistema, cada membro é convocado a desempenhar um papel numa estrutura, ou, para falar em linguagem kleiniana, os objetos – que contêm aspectos psicoafetivos de pessoas ou partes de pessoas – são distribuídos entre os familiares, de modo que cada um deve portar diferentes aspectos que são sentidos como necessários para o equilíbrio do grupo. Entre esses aspectos, os sintomas psíquicos cumprem papel da maior relevância. A família pode necessitar que algum de seus membros abrigue a loucura, a agressividade, a delinquência, um transtorno de caráter, o desvio sexual etc. Se um dos membros porta esse aspecto, os outros ficam liberados: "ele é louco" subentende "eu não sou". Daí o esforço da família para, inconscientemente, cristalizar certos aspectos em determinados membros. Por isso não há interesse na circulação dos objetos, na possibilidade de cada um experimentar-se como louco, delinquente, agressivo. E daí a dificuldade da terapia familiar, se um de seus objetivos é o de tirar o foco do membro trazido como paciente para fazer circular o conflito ou o sofrimento entre os outros membros, ou quando se tenta tirar o foco do indivíduo para convidar o grupo a pensar-se enquanto grupo, em suas formas de funcionamento e modalidades privilegiadas de relação. Um exemplo do que estou tentando dizer foi retirado da experiência de duas terapeutas jovens a quem foi encaminhada a família de Pedro, um adolescente de 19 anos. A família, composta por pai, mãe, Pedro e uma irmã de 15 anos, fora encaminhada para terapia pelo setor de neurologia de um grande hospital, a que os pais recorreram levando Pedro com queixas de que ele era muito impulsivo e destrutivo. Quando contrariado, ele quebrava as coisas da casa, arremessando-as contra a parede. A avaliação neurológica não mostrou qualquer alteração, e Pedro foi encaminhado para uma psicoterapia individual ao mesmo tempo que encaminhavam a família para terapia. Muito contrariados, os pais comparecem às primeiras sessões, até porque o filho, para eles o motivo de todo o tratamento, recusava-se a acompanhá-los. Eles não entendiam o porquê do encaminhamento da família, e também não queriam entender. O pai mostrava-se particularmente irritado com a situação. Às tentativas da dupla de terapeutas de conhecê-los como grupo, tirando o foco do filho, o pai reagia com respostas agressivas, num tom violento que foi inibindo, atemorizando as terapeutas. Pedro não estava nas sessões, mas a dinâmica de violência suscitada ao ser contrariado estava presente na relação manifesta do pai com as terapeutas. Dizer isso, de que forma fosse, só produzia um crescendo de violência, até que a família, após umas poucas sessões, rompeu o tratamento. Por algum motivo a família parecia não poder ver o que se evidenciava nas sessões: que a violência não era só de Pedro, mas era um padrão de reação que circulava na família. Se pudessem entrar em contato com isso, resgatando cada um sua própria agressividade, talvez pudessem liberar o filho do lugar de violento, de ser ele o transtorno da casa. O objetivo da terapia familiar psicanalítica de orientação kleiniana é este: que cada membro da família possa resgatar aspectos seus projetados em outros membros, de modo que cada um, mais livre das projeções dos outros, possa recuperar ou construir, dependendo do caso, um espaço de individuação e de desenvolvimento possível, até então impedido pelo aprisionamento na trama objetal familiar. Dizer que a terapia familiar visa ao desenvolvimento psíquico significa ter como projeto terapêutico a descristalização de seus arranjos defensivos, gerando a possibilidade de circulação de diferentes experiências emocionais entre os membros, a diminuição da estereotipia e a abertura para um processo de reflexão sobre o próprio modo de ser e funcionar familiar. Trata-se de uma forma de atendimento à família que é a atualização mesma de uma das funções básicas do grupo familiar, que é a de propiciar o acolhimento da dor de seus membros, abrindo espaço para a possibilidade de transformação e desenvolvimento. Compartilhar a dor entre todos, desdobrando-a em novas significações que dizem respeito a todo o grupo, permite que aquele que é porta-voz da dor não esteja mais só com ela.

3.3. A psicanálise vincular

O conceito de vínculo incorporou-se à teoria e à técnica psicanalítica a partir dos anos 1980, principalmente na França, com os trabalhos de René Kaës, Nicolas Abraham e Maria Torok, entre outros, e na Argentina, a partir das contribuições de Isidoro Berenstein, Janine Puget, Silvia Gomel e Rodolfo Moguillansky, para citar alguns de seus mais importantes autores. Desenvolveu-se principalmente a partir dos atendimentos a grupos, famílias e casais, ou seja, situações nas quais o foco da atenção psicoterapêutica recai sobre as relações que se dão entre pessoas que, principalmente no caso de famílias e casais, mantêm entre si uma relação estável. Serão as características e as vicissitudes dessas relações, bem como o efeito delas nos sujeitos envolvidos, que a psicanálise vincular irá investigar.

O conceito de vínculo diferencia-se do conceito de relação objetal, na medida em que este último acabou por indicar, dentro do campo psicanalítico, fundamentalmente as relações intrapsíquicas, que se fazem entre os objetos do mundo interno de uma pessoa, ou destes com o ego. A manifestação das relações de objeto no mundo externo, nas relações com outros sujeitos, é compreendida, a partir da teoria das relações objetais, como projeção. Isto é (e tal como procuramos expor), projetamos aspectos de nosso mundo interno de relações no mundo externo e vemos o mundo segundo o que nele projetamos. É bem verdade que as relações entre mundo interno e mundo externo estão desde sempre imbricadas, e a psicanálise investigou, em suas diversas abordagens teórico-clínicas, os complexos processos psíquicos pelos quais ambos os mundos constituem-se reciprocamente. Mas, desde seu início, é pelo mundo interno do paciente que a psicanálise se interessou, particularmente pelos processos inconscientes, determinantes do funcionamento mental que se manifestam na fala, nos sonhos, nos atos falhos e sintomas. A psicanálise pergunta-se sobre o significado dessas manifestações, propondo sempre a existência de um funcionamento inconsciente responsável por elas, funcionamento este localizado, por assim dizer, intrapsiquicamente. O psicanalista tem acesso ao mundo interno porque este se manifesta no tratamento psicanalítico, na própria relação com o psicanalista, isto é, na transferência. O paciente transfere características de seu mundo interno, de suas relações objetais, para a relação com o analista, percebendo-o a partir das características nele projetadas. É a partir do acompanhamento do que ocorre na transferência que o mundo interno do paciente vai se desdobrando e se dando a revelar. O psicanalista acolhe a transferência, experimenta as emoções e fantasias nele projetadas, e é a partir do contato com essas experiências que pode compreender o modo de ser do paciente. A psicanálise, portanto, investiga já as vicissitudes de um vínculo, mas trabalha para que esse vínculo, a transferência, seja constituído pelas características do mundo interno do paciente, só tendo importância como ferramenta de investigação desse mundo. A transferência, a relação que se desenvolve entre paciente e analista, não deve ser analisada como fim em si mesma. É um vínculo artificial, de trabalho, que se cria para que o tratamento analítico seja possível, mas que deve também se desmanchar com seu fim. As relações que realmente devem importar são aquelas que o paciente tem e estabelece fora do consultório, no mundo, com outras pessoas.

Se não esquecermos que é o próprio Freud quem inicia o livro *Psicologia de grupo e análise do ego* dizendo que toda psicologia individual é a um só tempo psicologia social, e que não é possível pensar o ser humano fora das relações com outros seres humanos, talvez sejamos mais exatos se situarmos a clínica vincular, interessada que é nos vínculos entre as pessoas, como um desdobramento no interior do próprio campo da psicanálise, herdeira de ideias de Freud que seus autores souberam articular com outros campos do saber e em outros enquadres terapêuticos. Contribuíram para o desenvolvimento dessas novas formas de trabalho não apenas todo o desenvolvimento psicanalítico anterior, mas também os aportes da etnologia e da teoria da comunicação humana. A clínica vincular contém elementos de repetição e de criação. Ela nasce numa rede de saberes e teorizações que irá enlaçar de formas novas e criativas, a partir das novas demandas colocadas pela clínica psicanalítica de crianças, adolescentes, casais, famílias e grupos. Seus autores sugerem que essa clínica se constituiu como um desenvolvimento da psicanálise necessário frente às limitações colocadas pelas teorias e técnicas que têm como objeto de atenção e intervenção a vida intrapsíquica, no intuito de tratar diversas problemáticas que remetem ao contexto no qual os pacientes estão inseridos, sua vida de relações, em especial a vida em família, na qual as qualidades e vicissitudes dos vínculos, como já o mostraram diversas abordagens psicoterapêuticas, são determinantes, seja para o desenvolvimento psíquico ou para o sofrimento e adoecimento mental. Em *O mal-estar na civilização*, Freud já mencionava as relações entre os homens como uma das mais importantes fontes de sofrimento psíquico.

As reflexões desenvolvidas dentro do campo da clínica vincular enfatizam, assim, o caráter multidimensional de constituição do sujeito: não apenas sujeito do próprio inconsciente, mas também sujeito social, sujeito da história, sujeito dos vínculos. O foco recai aqui sobre o sujeito que ganha existência e se dá a conhecer na presença de outro sujeito, ou de outros sujeitos, com quem estabelece vínculos que não se reduzem à repetição das formas de relação de objeto existentes em seu mundo interno, constituídas ao longo de sua história singular. Quando sujeitos entram em relação, de acordo com a psicanálise vincular, o vínculo que se estabelece, ainda que contenha elementos de repetição – advindos da projeção sobre o outro do mundo interno de cada um –, é um acontecimento novo, criação de características inéditas e irredutíveis às subjetividades individuais, e que modifica os sujeitos implicados. Mais do que isso, os constitui. O vínculo cria seus sujeitos e cria seu próprio inconsciente, uma espécie de terceiro, ou intermediário, na acepção de Kaës, que só podemos examinar com os sujeitos em presença um do outro. Por isso, esses aportes se desenvolveram a partir da observação de casais, famílias e grupos, para dar conta de fenômenos não acessíveis a uma psicanálise mais afeita ao campo do individual. A presença do outro, com quem mantém um vínculo, obriga o sujeito a um trabalho psíquico particular, específico, dado pelas características de cada vínculo particular. Cada vínculo faz demandas próprias aos sujeitos implicados, que se constituem na presença um do outro. Cada sujeito faz parte de diversos e diferentes vínculos, e em cada um deles lhe é outorgado um lugar diferente, é privilegiada uma outra dimensão de seu ser e lhe são atribuídas diferentes significações. Os lugares que os sujeitos ocupam nos vínculos se significam reciprocamente, ou seja, cada pessoa ocupa no vínculo um lugar que significa também o lugar do outro. No vínculo em que ocupo o lugar de filha, há um outro que é meu pai, ou minha mãe. No vínculo em que sou mãe, há um outro que é meu filho ou filha. Aliás, esses próprios termos, designações de parentesco, já indicam vínculos, relações. É o mesmo com todas as denominações de parentesco e também com as relações de afinidade – dizer, por exemplo, que alguém é amigo já indica a pertença a um vínculo e já traz em si um outro que é parte da amizade.

Cada encontro com o outro, segundo Berenstein e Puget (1994), mobiliza transferências e contratransferências, mas não só: também são produzidas interferências, que dizem respeito ao efeito produzido pela presença do outro e que não podem ser reduzidas ao previamente inscrito. Angela Piva (2006) aponta três destinos possíveis para essa interferência: o golpe catastrófico – dado pelo excesso que a presença do outro pode impor para nossas capacidades de contenção e compreensão –, a repetição – quando o outro é assimilado ao já conhecido – ou o inédito. A psicanálise vincular agilizará essas possibilidades, através da escuta dos sentidos da repetição, em busca da criação do novo.

A clínica vincular está particularmente atenta ao negativo, ao não representado, ao recusado, vistos aqui como produções intersubjetivas que se repetem nas formações sintomáticas. Nesse enquadre teórico-clínico, o inconsciente se manifesta através dos processos associativos grupais, que promovem não uma pluralidade de discursos, mas um trabalho de interdiscursividade que pode fornecer aos sujeitos enunciados para pensar que muitas vezes não estavam disponíveis em sua própria capacidade figurativa.

> Essa polifonia [...] acaba também por introduzir o sujeito em uma experiência de incerteza: afinal, "quem fala?", "quem sonha?", "quem eu carrego?", "para quem dirijo o meu discurso?", "que lugar ocupo nas fantasias do outro?", "que lugar eu designo para o outro?".
>
> Possuo esses "outros", ou sou – eu mesmo – uma possessão deles? (PIVA, 2006, p. 226).

A consciência que se amplia nessa experiência terapêutica diz respeito ao contato de cada um com sua pertinência a um conjunto, elo numa cadeia familiar que o atravessa de geração a geração.

Um outro aspecto importante que a clínica vincular trouxe à consideração é a impossibilidade de conhecermos plenamente o outro com que nos relacionamos. O outro é diferente de nós e contém sempre dimensões não acessíveis. Podemos ter a ilusão, advinda principalmente de nossas projeções sobre ele, de o conhecermos, ou estarmos fundidos de forma a desaparecerem as diferenças. Mas é justamente a permanência do vínculo, de seu desdobrar no tempo, que vai revelando os aspectos diferentes e inacessíveis. O outro é sempre um outro não assimilável às representações que temos dele – é sempre um outro a conhecer, o que propicia o desenvolvimento do vínculo, mas também suas turbulências, pelas dificuldades advindas do convívio com o diferente.

Os lugares que são outorgados e fixados pelo vínculo no mais das vezes não são definidos de forma consciente, mas conferem sentidos e determinam os sujeitos. Os vínculos instituem subjetividades, contêm e propiciam elaborações, fazem sofrer, adoecer e curar. São todos esses movimentos que a clínica vincular procurará acompanhar e revelar, ao se perguntar sobre os modos pelos quais as pessoas participam dos vínculos, que lugares ocupam neles, como os significam e como são significadas por eles, num movimento contínuo de atenção às dimensões intra e intersubjetiva, bem como à dimensão transubjetiva, relativa às relações dos sujeitos com a cultura e a sociedade mais ampla da qual fazem parte.

Tanto no caso do vínculo do casal como na estrutura de vínculos que constitui a família, confluem todas essas ordens de determinação, que se imbricam de forma singular: a ordem social, relativa às leis estabelecidas pela sociedade na qual o casal ou a família estão inseridos, e que incluem um conjunto determinado de regras, costumes, proibições, direitos e deveres para cada um dos sujeitos implicados – leis que determinam lugares, papéis e modos de relacionar-se –, e a ordem das configurações intra e interpsíquica, também com suas leis próprias, resultantes do encontro entre os sujeitos, cada um com seu mundo interno próprio, que traz para o vínculo, onde se experimentam as vicissitudes das fantasias e desejos de cada um no interjogo com o outro. São essas ordens diversas de determinações, por exemplo, que incidirão fortemente na escolha do parceiro, dentro dos limites permitidos pelo grupo social de pertinência. As determinações sociais e psíquicas condicionam-se e limitam-se, mas também oferecem umas às outras contornos e possibilidades de expressão. Ou seja, é dentro dos limites dados por cada grupo social que a vida psíquica poderá expressar-se e encontrar (ou não) satisfação. Também é verdade que são os limites e possibilidades dados pela vida intra e intersubjetiva que permitirão (ou não) a realização dos vínculos dentro de contratos socialmente estabelecidos.

Gostaria de trazer aqui um exemplo de constituição mútua dos sujeitos a partir dos vínculos estruturados em família, bem como o diálogo permanente entre o mundo interno de cada um e seu lugar dentro da estrutura de vínculos familiar, a partir do caso de Rita, uma menina de 10 anos encaminhada pelo médico de um centro de saúde para a equipe de saúde mental.

Para a primeira consulta, Rita vem toda arrumada, florida e vai entrando na sala tão logo a terapeuta abre a porta. Parece ser um movimento seu para o encontro, logo barrado pela mãe, que se põe na frente e vai dizendo: "o problema com ela é que o corpo esquenta e esfria, às vezes esquenta que parece febre e depois fica frio" – cena de abertura que pode ser vista como expressão de um conflito representado entre Rita e sua mãe: conflito entre o desejo e a interdição, entre o movimento e a resistência a ele, também expresso pelo corpo que esquenta e esfria.

A menina está na 1ª série e repetiu o ano anterior. "Tem problema na cabeça, não consegue estudar e à noite ri à toa." A mãe indica a filha como paciente: a menina é incapaz, doente e louca. "Minha filha me puxou. Tem revolta de cabeça. Treme, grita, quer bater em mim, chora. Isso ocorre na passagem da lua. Rita é de escorpião... Quando não é ela, é eu. Um homem falou que eu recebo coisa em casa, e quando não é eu, é ela. Mas eu não acredito nisso." Em seguida, a mãe se apresenta: ela esteve doente e a menina precisou cuidar da casa. Sente-se culpada pelo fracasso da filha. Tem e já teve muitas doenças e foi operada muitas vezes: de "ovário inflamado, penus, cristo". "Tinha problema de nervoso, ficava roxa." Foi internada em "hospital de louco" há 11 anos, por três dias. Estava trabalhando na roça e de repente começou a bater enxada e chorar. O administrador da fazenda a "engabelou, chamou escondido um carro para me levar. Apanhei no hospital". Doenças são compartilhadas entre mãe e filha: história emocional que se repete, herança emocional de mãe para filha, "minha filha me puxou". O parto do primeiro filho também foi difícil. Diz que o menino "vai fazer 14 anos" e "é morto, nasceu morto". A mãe parece sentir que de dentro de seu corpo maltratado, cortado e doente, só podem nascer seres muito danificados – o filho natimorto, a filha doente. Rita corrige a mãe, dizendo que o menino vai fazer 12 anos. O pai trabalha à noite, é vigia. Durante a manhã ele dorme e à tarde estuda, a mãe não sabe o quê.

Ao mesmo tempo que negam a morte do filho/irmão – "ele vai fazer 14 anos", "vai fazer 12" –, Rita e a mãe se veem às voltas com a morte o tempo todo: doenças, operações, o corpo que esquenta e esfria. O pai ausente parece ser uma reedição do mesmo tema, o morto-vivo. Durante a entrevista, fomos construindo a hipótese de que, para negarem a morte do menino, parece que todos na família precisam estar meio mortos. Se estiverem vivos, em relação, terão que entrar em contato e lembrar-se de quem não está mais entre eles.

Num segundo encontro, Rita vem sozinha. Olha para a terapeuta e diz: "tenho uma estrela [um broche] como a sua, mas a minha é preta". É-lhe oferecida a possibilidade de fazer livre uso dos materiais da caixa de brinquedos. Mas ela não olha para a caixa. Em vez disso, repete o discurso da mãe: doenças, exames, dores no corpo dela e da mãe. Ginette Raimbault, no livro *A criança e a morte* (1979), diz a respeito de uma criança doente: "A criança ficou sendo, ao mesmo tempo, um órgão em continuidade com o corpo materno e um sujeito *infans* em continuidade quase total com o discurso inconsciente materno" (RAIMBAULT, 1979, p. 87-88). A terapeuta lhe pede que desenhe uma família. Ela faz o desenho (desenho 1) e conta:

> "Eles estão no céu, de asas abertas, rezando. São anjos da guarda. O pai é o mais grande, mais velho, em toda igreja está escrito o nome dele. A anjinha fica sempre com raiva porque não gosta de rezar, ela só quer brincar. A mãe está contente porque ela e o anjo estão rezando, porque eles vivem lá no céu e gostam. A anjinha não gosta de viver no céu porque lá é fechado, preso, não entra vento nem nada. A anjinha queria morar na Terra porque lá tem casa, gente boa, carro pra passear, apartamento pra morar, hospital pra quando fica doente."

Desenho 1

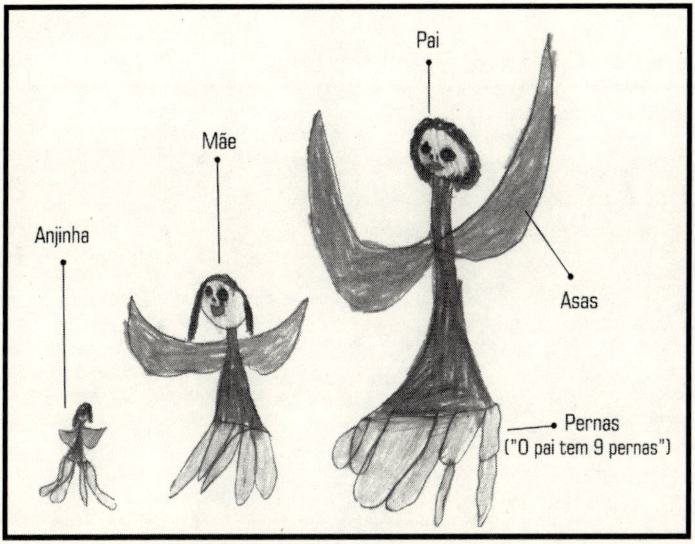

Depois, faz um desenho livre (desenho 2) e diz que desenhou ela e seu irmão balançando na árvore. Conta que tem um irmão, mas ele é morto. "Ele 'tá com 12 anos". Sobre o desenho, diz:

"É uma árvore bem verde. Meu pai pegou e amarrou balanço pra mim e pro meu irmão balançar. A gente balançava pra lá e pra cá. Balançava que chegava a sair fora da árvore. A árvore até quebrou e eu caí no chão de tanto balançar... Um balão queimou a árvore tão linda. Depois o balanço queimou também. Aí meu pai pegou e comprou outro balanço e pôs na outra árvore. Veio outro balão e acabou com a outra árvore. Pai comprou outro balanço, outro balão queimou. Não tinha mais dinheiro e pôs balanço dentro de casa. Veio um balão e acabou com a nossa casa. Depois fomos morar em outra casa e depois caiu a árvore e derrubou o telhado. Aí tivemos que dormir embaixo da árvore. Outra árvore caiu e machucou eu. Meu pai me levou ao médico, depois sarei. O pai arrancou todas as árvores porque os balões iam queimar. Aí a gente foi embora pra São Paulo."

Desenho 2

Nas falas de mãe e filha, aparecem perseguidores externos à família que vêm para quebrar as coisas da casa, maltratar e xingar. Rita conta que a vizinha estragou o telhado da casa em que moram. Ela agora tem que ligar para o dono para virem consertar. A mãe pediu para ela ligar. Ela mostra o cartão com o número do telefone e diz que não está conseguindo ligar. Só dá ocupado. Rita é perseguida por males que lhe afligem a partir de dentro e de fora da família, e o pedido que sua mãe lhe faz é que ela possa consertar essa casa-família quebrada interna e externamente. Mas a menina, enredada nessa vida de fantasia familiar, também não pode estabelecer as ligações com a vida necessárias para restaurar a si e a seus pais.

No desenho da família – família de anjos no céu –, Rita parece expressar a própria fantasia familiar de resolução de conflitos: para manter a ideia de que o menino não morreu, para poderem reencontrar-se e reconstituir-se como uma família completa, todos devem estar mortos, anjos no céu. Encontramos assim o menino morto-vivo do discurso da mãe no desenho da menina. No desenho livre, Rita parece comunicar suas fantasias a respeito da morte do irmão: ela e ele se balançando – possível alusão a fantasias sexuais – e um desastre ocorre, a árvore queima. Ela elabora a morte do irmão a partir de suas próprias fantasias sexuais, no momento em que vai se tornando mocinha: são os desejos sexuais, tomados de elementos destrutivos – o fogo que queima – que mataram o irmão.

A fantasia da atividade sexual como destrutiva permeia o discurso de mãe e filha. A mãe foi operada de "ovário inflamado, penus e cristo". São claras as alusões a órgão sexuais. Rita é trazida para atendimento quando está entrando na puberdade. Pensamos que pode ser a emergência da sexualidade na menina fonte de conflito para a família. Os movimentos de Rita para o encontro, para a vida, têm que ser barrados por uma família que precisa estar morta para negar a morte de um dos seus, que precisa morrer para se reencontrar como uma família inteira.

A árvore do desenho 2 parece ser a representação de uma família idealizada que pudesse abrigar suas crianças – seus frutos –, mas que é continuamente destruída. Frente à destruição compulsiva na fala de Rita, não há possibilidade de reconstrução. Rita vê no pai a um só tempo a possibilidade de reconstruir a família e a falência de tal empreendimento. Como sua família não pode entrar em contato e conviver com os males que a assolam a partir de seu interior, tem que se haver com perseguidores externos variados – o que se recebe em casa, a lua, os signos, os balões que trazem o fogo e queimam. Negam a destruição que emana de si própria – essa árvore sempre a queimar, os balões ardendo em seu interior, a casa destruída e a impossibilidade de reconstruir-se. Para recuperarem a vida, talvez precisassem entrar em contato com a morte e elaborar o luto pelo filho morto.

Rita está comprometida com a vida de fantasia inconsciente de sua família, presa a dar soluções para os conflitos familiares. Tem que dar conta da perda de um irmão com quem nunca conviveu. De que ela gostaria? “De estar na Terra, brincar, no céu não entra vento nem nada.” Vemos em Rita o irmão morto como pilar da estrutura familiar – como sua família tenta dar conta desse acontecimento e como se arranjam para negar a perda. Rita é parte e realiza, no plano de seu psiquismo, a tradução de movimentos de seu grupo familiar. Nesse sentido é que as relações intersubjetivas no interior da família e o mundo interno de cada um constituem-se reciprocamente, sendo, como nesse caso, a experiência da perda de um membro do grupo situação privilegiada para observarmos esse processo.

Veremos como estudos recentes sobre as formas de transmissão intergeracional e transgeracional têm iluminado aspectos importantes das vicissitudes dos vínculos familiares, sendo a transmissão o meio pelo qual conteúdos psíquicos são compartilhados entre as gerações, conferindo a cada um lugares e obrigações no sentido de realizar trabalhos psíquicos necessários para a sustentação psíquica do grupo familiar.

3.4. Sobre a transmissão geracional

Na rede de relações familiares nas quais nos constituímos como sujeitos, transmitimos e recebemos continuamente mensagens conscientes e inconscientes. Mensagens que recebemos desde o nascimento são inscritas pelas gerações nos modos de ser, na cultura familiar e na trama das relações muito antes de virmos ao mundo. A rede de relações familiares constitui-se como um emaranhado de vias de transmissão, sendo os sujeitos a um só tempo ativos e passivos no que transmitem e no que recebem. Transmitimos mensagens que criamos e também as que nos atravessam, das quais somos mensageiros, no mais das vezes sem saber. Somos depositários de mensagens alheias, que recebemos, reproduzimos e reelaboramos a partir de nossas formas singulares de compreensão. O que essas mensagens transmitem? Transmitem a própria linguagem, informações de como devemos ver o mundo, teorias sobre os problemas e sobre as soluções, os fatos e as interpretações deles, e também fantasias, ansiedades e modos psíquicos de defesa. Transmitem-se também, através das gerações, culpas – na forma de dívidas impagáveis e identificações melancólicas –, ideais – convertidos em mandatos – e formas de subjetivação. Somos feitos dessas transmissões. Cada sujeito é herdeiro de experiências anteriores que tanto podem enriquecê-lo, contribuindo para seu desenvolvimento, quanto atá-lo a histórias e demandas de outros, das quais se torna prisioneiro. Uma das formas desse aprisionamento é uma configuração psíquica que os autores que têm se debruçado sobre os fenômenos da transmissão psíquica entre as gerações chamam de *cripta*. No dicionário *Aurélio*, vê-se, como um dos significados de cripta: "nalgumas igrejas, galeria subterrânea onde se enterravam mártires ou se guardavam relíquias". O termo é sugestivo para uma configuração psíquica na qual o sujeito fica como depositário, identificado, a partir de um arranjo familiar inconsciente, com um outro membro que foi perdido para a família, seja por morte ou separação. Esse outro do qual o sujeito é depositário ganha a existência de um objeto interno morto-vivo que o sujeito é continuamente induzido a representar ou substituir, concretamente. O membro da família ausente presentifica-se no corpo ou no sintoma desse sujeito, de forma cristalizada – um como guardião do outro, identificado com ele, para sempre ou até que um trabalho analítico permita dissolver em palavras a concretude da cripta.

A via régia dos processos de transmissão psíquica é a identificação. Identificado com o outro ou com o desejo do outro, cada um de nós é um condensado de interiorizações, estabelecidas primordialmente dentro de nossa vida em família. Essas interiorizações se fazem por via da introjeção, quando aquilo que recebemos pode ser transformado, elaborado psiquicamente, tornando-se um objeto mental em diálogo com outros objetos de nosso mundo interno, passível de simbolização e pensamento. É o que ocorre quando somos capazes de entrar em contato com experiências vividas pelas gerações que nos antecederam e de pensar sobre elas, sobre seus destinos e efeitos. Nos vemos também fazendo parte da trama fantasmática que se enreda nos acontecimentos familiares, mas podemos utilizar nossa própria experiência para pensar essa trama, compreendê-la e, nesse processo, tomar alguma distância dela. Ou pode acontecer que certas experiências, acontecimentos ou fantasias passem de uma geração para a outra sem modificação, tal qual. Nesse caso, as gerações repetem configurações psíquicas, formas de ser, patologias, sem que haja possibilidade de uma elaboração psíquica transformadora. O que se transmite, neste caso, são significantes brutos, manifestos na forma de sintomas cuja concretude se revela em ato ou no corpo – distúrbios psicossomáticos, alucinações corporais, identificações melancólicas, passagens ao ato, o próprio fenômeno da cripta. Os estudos sobre transmissão psíquica intergeracional – nome que se dá àquelas transmissões que permitem simbolização e mudança – e transgeracional – quando a transmissão se dá na passagem de significantes brutos, sem elaboração – permitiram rever a origem e o sentido de uma diversidade de configurações psicopatológicas, situando-as em dimensões intra e interpsíquica. A compreensão do sentido de certas patologias a partir da observação e interpretação da natureza das estruturas vinculares e das dinâmicas das interações em família lançou luz e permitiu *insights* novos, um alargamento da compreensão do sofrimento psíquico que diz respeito também ao lugar ocupado pelo sujeito na cadeia de gerações, na qual tem um papel importante como receptor e transmissor de conteúdos que demandam comunicação e elaboração.

Esses processos, no interior da família, se dão como obrigação e urgência. As gerações têm urgência de transmitir, principalmente tudo aquilo que não puderam elaborar, representar ou pensar. Nesse caso, o que urge transmitir é da ordem do traumático, do que foi excessivo para o aparelho psíquico conter e elaborar, com a esperança de que as gerações seguintes possam transformar em linguagem simbólica, em representações passíveis de serem pensadas. É nesse sentido que o processo da transmissão produz uma obrigação de trabalho psíquico, tanto para o indivíduo quanto para o grupo que recebe as mensagens, no mais das vezes brutas. Essa obrigação pode se realizar através de um trabalho de elaboração – caso da introjeção, quando uma geração consegue transformar aquilo que recebe, apropriando-se do herdado desde sua própria vivência e perspectiva. Isso lhe permite situar-se em relação às outras gerações, passadas e futuras; permite inscrever cada sujeito em uma cadeia como pertencente a um grupo, dono de uma história e de um lugar. Num outro extremo, quando o herdado é apenas acatado, sem elaboração, estamos no território da incorporação, da compulsão à repetição e da alienação. O herdado, significante bruto não esmerilado, passa a ser, então, como um destino a cumprir sem pensar, sem alternativa. É fundamental a distinção, nos processos de transmissão psíquica, entre aquilo que pode ser introjetado pelo sujeito – que busca manejar o conteúdo recebido através do jogo, da fantasia e de uma variedade de outros recursos inconscientes ou pré-conscientes, promovendo um encontro progressivo em direção à consciência – e o que é incorporado como coisa, no lugar do objeto perdido. Nesse processo, evidencia-se a desmetaforização e, ao contrário do que ocorre na introjeção, o sujeito toma ao pé da letra, concretamente, o que deveria ser entendido no sentido figurado. O resultado é a ausência de representações, ou melhor, a presença de representações incomuns, incongruentes, estranhas ao sujeito, patológicas. As fantasias de incorporação não conseguem manter as perturbações dentro da esfera psíquica e então podem aparecer como transtornos fisiológicos ou psicossomáticos.

Os autores ligados à clínica vincular chamaram de trabalho do negativo à transmissão de conteúdos não representados. Esses conteúdos têm a ver com experiências por demais dolorosas, traumáticas, que são afastadas, negadas pelo sujeito, de forma a evitar o contato e a consciência delas. Essas experiências permanecem nos sujeitos irreconhecidas, fazendo seu trabalho pelo negativo – nos sintomas, sonhos, atos falhos, e também nas cisões da personalidade, no empobrecimento do ego etc. O sujeito, em cada geração, é convocado, sob essas várias formas, a participar de pactos que perpetuam a negação.

Desdobramentos importantes da clínica vincular e dos trabalhos sobre a transmissão inter e transgeracional têm se feito a partir dos efeitos, nas gerações seguintes, de catástrofes humanitárias que atingem comunidades inteiras. Quando uma ou várias gerações de um grupo social ou de uma nação são violentadas pela guerra, por perdas de toda ordem, por ataques à dignidade humana, vivências de extrema humilhação, estupros em massa e genocídios, como poder pensar e dar sentido a esses acontecimentos, traumas que excedem toda capacidade psíquica individual, familiar ou social? O trauma costuma permanecer como silêncio, como indizível, em função do que Pierre Benghozi, psicanalista e professor da Universidade de Paris XIII, nomeou de psicoantropologia da vergonha. A vergonha produzida na vítima pelo evento traumático impede que ela possa falar do que aconteceu. Pode levar muitos anos para que isto se dê, e Benghozi cita o caso das vítimas do Holocausto, o *Shoah*, que muitas vezes só contam para os netos o que não puderam revelar aos filhos. Enquanto permanece, o silêncio produz seus efeitos, através de rupturas na história e na trama familiar, em seus pontos mais importantes. É o que Benghozi chama de um desmalhe, sempre em operação, uma espécie de dilaceramento familiar que nunca cessa seu esgarçar-se. Isso porque o silenciamento e a impossibilidade de pensar obstaculizam o processo de luto, através do qual o sujeito poderia renunciar ao objeto perdido e substituí-lo por outros. Na impossibilidade do luto, instala-se uma identificação melancólica com aquele ou aquilo que se perdeu, que permanece, como um de seus destinos, encriptado, na forma de morto-vivo, tanto naquele que viveu a perda como naqueles que o sucedem.

É apenas o trabalho de análise – ou de autoanálise – que permitirá ao sujeito entrar em contato com esses conteúdos históricos brutos e pensar sobre eles, atribuindo-lhes sentidos que possam iluminar a rede de relações familiares e as formas que essa rede propõe de estar no mundo. Quando o sujeito não é capaz ou não tem a oportunidade de realizar esses sentidos, a transmissão dos conteúdos se faz em ato e na carne, através de sintomas ou atuações que são formas de comunicar, mas que guardam a estranheza do sem sentido, até que um trabalho de elaboração próprio ou de outros membros da família possa dar sentido e permitir a introjeção de significantes fundamentais, de modo a permitir crescimento psíquico e não repetição do adoecimento.

Falamos do trabalho de análise do sujeito, mas cabe aqui salientar que os processos de transmissão inter e transgeracional puderam ser observados principalmente a partir dos enquadres vinculares, com as diferentes gerações de uma família em presença, no trabalho psicanalítico. A clínica vincular, ao observar os processos em operação nos vínculos familiares, pôde descrever as formas de transmissão psíquica que se dão entre as gerações e são constituintes dos sujeitos implicados. Seu olhar focaliza em especial a transmissão de conteúdos que não puderam alcançar o estatuto da representação, cujas vias de comunicação serão aquelas dos significantes brutos, inscritos nos sintomas, nas formas da trama fantasmática e das identificações. Freud propôs a negação como um dos mecanismos de defesa em relação a conteúdos mentais vividos como intoleráveis. Na família, se estabeleceria o que René Kaës chamou de pactos denegativos, certos arranjos estabelecidos inconscientemente entre os membros de uma família de modo a evitar o contato com representações e afetos experimentados como impossíveis de elaboração psíquica. Esses pactos estão para além de qualquer possibilidade de questionamento ou mesmo de verbalização. Sujeitos comprometidos com esse pacto, os membros da família partilham de silêncios e segredos que, no entanto, permanecem ativos na vida familiar através de sintomas em algum dos membros, limitações do pensamento e da simbolização, quando não assombrações cujas presenças mudas pesam na atmosfera familiar. René Kaës diz, ao definir o pacto denegativo, que:

> [o pacto denegativo comporta] duas polaridades: uma é organizadora do laço e do conjunto intersubjetivo, a outra é defensiva. Cada conjunto particular se organiza positivamente sobre investimentos mútuos, sobre identificações comuns, sobre uma comunidade de ideais e de crenças, sobre um contrato narcísico, sobre modalidades toleráveis de realizações de desejos. Cada conjunto se organiza também negativamente sobre uma comunidade de renúncias e de sacrifícios, sobre apagamentos, sobre rejeições e recalcamentos, sobre um "deixado de lado" e sobre restos. O pacto denegativo contribui para esta dupla organização. Ele cria no conjunto do não significável, do não transformável, zonas de silêncio, bolsões de intoxicação, espaços-lixeiras ou linhas de fuga que mantêm o sujeito estrangeiro à sua própria história (KAËS, 2000, p. 46).

Outra via de transmissão psíquica entre as gerações é o discurso familiar, recurso que se oferece à escuta psicanalítica, com configurações significativas e sentidos particulares, dependentes da cultura e do grupo familiar que, pelo relato, expressará significados partilhados. Será a ordem das relações de parentesco entre os falantes e suas posições no grupo, perpassando as gerações, que determinarão o conteúdo das mensagens. Ou seja, o terapeuta de família escutará o discurso produzido pela família a um só tempo como manifestação da língua e da estrutura familiar, como forma capital de transmissão dessa estrutura, de afirmação dos lugares que cada sujeito ocupa nela e de onde emite seu discurso. Cada um de nós encontra seu lugar dado na estrutura da língua que compartilha com outros sujeitos e na estrutura da família na qual nasce. Língua e família nos atravessam, sendo cada um de nós elo de suas transmissões. No discurso, ressaltam suas diversas modalidades expressivas: o discurso paradoxal, o sagrado, o autoritário da verdade única, o discurso emotivo e o vazio. No discurso familiar está a história ancestral dos vínculos, em busca dos sentidos que instituem as subjetividades. Kaës diz, a propósito do discurso familiar sob a égide de pactos denegativos:

> quando em um vínculo prevalece o pacto denegativo, o discurso é "monofônico", tende a escutar somente uma voz, que repete sempre o mesmo, só autoriza as mesmas representações e só reconhece o mesmo sentido. Exige que cada um fale e experimente como uma só voz (KAËS *apud* PIVA, 2006, p. 218).

O trabalho da clínica vincular deve permitir que um espaço grupal se abra para o pensamento e para a escuta e reconhecimento das múltiplas vozes da família, no desafio que geram para o convívio com a alteridade e a diferença. O espaço terapêutico cria-se assim como um continente artificial que inclui a família e o terapeuta e no qual deve se fazer o aprendizado desse diálogo.

Referências

BATESON, G. *et al.* Hacia una teoría de la esquizofrenia. *In*: BATESON, G. (org.). *Interacción familiar*. Buenos Aires: Tiempo Contemporáneo, 1974.

BENGHOZI, P. Traumatismos precoces da criança e transmissão genealógica em situações de crises e catástrofes humanitárias. *In*: CORREA, O. B. (org.). *Os avatares da transmissão psíquica geracional*. São Paulo: Escuta, 2000.

BERENSTEIN, I. *Família e doença mental*. São Paulo: Escuta, 1988.

BERENSTEIN, I.; PUGET, J. *Psicanálise do casal*. Porto Alegre: Artes Médicas, 1994.

BERQUÓ, E. Arranjos familiares no Brasil: uma visão demográfica. *In*: *História da vida privada no Brasil*. São Paulo: Companhia as Letras, 1998. v. 4.

CORREA, O. B. Eclosão dos vínculos genealógicos e transmissão psíquica. *In*: CORREA, O. B. (org.). *Os avatares da transmissão psíquica geracional*. São Paulo: Escuta, 2000.

EIGUER, A. *O parentesco fantasmático*. São Paulo: Casa do Psicólogo, 1997.

EIGUER, A. *Um divã para a família*. Porto Alegre: Artes Médicas, 1985.

FERREIRA, A. Mitos familiares. *In*: BATESON, G. (org.). *Interacción familiar*. Buenos Aires: Tiempo Contemporáneo, 1974.

FREUD, S. (1909a) *Análise de uma fobia em um menino de cinco anos (O pequeno Hans)*. Rio de Janeiro: Imago, 1976. (Edição Standard das Obras Psicológicas Completas de Sigmund Freud, v. 10.)

FREUD, S. (1909b) *Romances familiares*. Rio de Janeiro: Imago, 1976. (Edição Standard das Obras Psicológicas Completas de Sigmund Freud, v. 9.)

FREUD, S. (1913) *Totem e tabu*. Rio de Janeiro: Imago, 1976. (Edição Standard das Obras Psicológicas Completas de Sigmund Freud, v. 13.)

FREUD, S. (1921) *Psicologia de grupo e análise do ego*. Rio de Janeiro: Imago, 1976. (Edição Standard das Obras Psicológicas Completas de Sigmund Freud, v. 18.)

FREUD, S. (1930) O *mal-estar na civilização*. Rio de Janeiro: Imago, 1976. (Edição Standard das Obras Psicológicas Completas de Sigmund Freud, v. 21.)

ADORNO, T.; HORKHEIMER, M. Família. *In*: *Temas básicos de sociologia*. São Paulo: Cultrix, 1973.

JACQUES, E. (1955) Sistemas sociais como defesa contra a ansiedade persecutória e depressiva. *In*: KLEIN, M. *et al*. *Novas tendências em psicanálise*. Rio de Janeiro: Zahar, 1981.

JOSEPH, B. A transferência como situação total. *In*: SPILLIUS, E. B.; FELDMAN, M. *Equilíbrio psíquico e mudança psíquica*. Artigos selecionados de Betty Joseph. Rio de Janeiro: Imago, 1992.

KAËS, R. Um pacto de resistência intergeracional ao luto: transmissão psíquica dos efeitos da morte de uma criança sobre os irmãos e irmãs e sobre sua descendência. *In*: CORREA, O. B. (org.). *Os avatares da transmissão psíquica geracional*. São Paulo: Escuta, 2000.

LÉVI-STRAUSS, C. A família. *In*: O *olhar distanciado*. Lisboa: Edições 70, 1986.

LÉVI-STRAUSS, C. *Estruturas elementares do parentesco*. Petrópolis: Vozes, 1976.

MANDELBAUM, B. *A família da fantasia, a fantasia da família*: a produção da criança como expressão da fantasia familiar. 1990. Dissertação (Mestrado em Psicologia) – Instituto de Psicologia, Universidade de São Paulo, São Paulo, 1990.

MANDELBAUM, B. O impacto da perda em uma família: considerações psicanalíticas. *In*: AGOSTINHO, M. L.; SANCHEZ, T. (org.). *Família*: conflitos, reflexões e intervenções. São Paulo: Casa do Psicólogo, 2002.

MEYER, L. *Família*: dinâmica e terapia. 2. ed. São Paulo: Casa do Psicólogo, 2002.

MINUCHIN, S. *Families of the slums*. An exploration of their structure and treatment. New York; London: Basic Books, Inc., 1967.

MORGAN, L. A família antiga. *In*: CANEVACCI, M. *A dialética da família*. São Paulo: Brasiliense, 1981.

PIVA, A. (org.). *Transmissão transgeracional e a clínica vincular*. São Paulo: Casa do Psicólogo, 2006.

RAIMBAULT, G. *A criança e a morte*. Rio de Janeiro: Francisco Alves, 1979.

ROUDINESCO, E. *A família em desordem*. Rio de Janeiro: Zahar, 2003.

SÓFOCLES. *Rei Édipo*. *In*: *Teatro grego*. São Paulo: Cultrix, 1977.

WADDELL, M. A família e sua dinâmica. *In*: BOX, S. (org.). *Psicoterapia com famílias*. São Paulo: Casa do Psicólogo, 1994.

WYNNE, L. *et al*. Pseudo-mutualidad en las relaciones familiares de los esquizofrénicos. *In*: BATESON, G. (org.). *Interacción familiar*. Buenos Aires: Tiempo Contemporáneo, 1974.

Este livro foi composto com tipografia FreightText Pro e
impresso em papel Luxcream 70g. na Gráfica Formato.